ABHANDLUNGEN

AUS DEM

STAATSWISSENSCHAFTLICHEN SEMINAR

ZU

STRASSBURG i. E.

HERAUSGEGEBEN

VON

G. F. KNAPP und L. BRENTANO.

HEFT V.

Dr. RICHARD FABER:

DIE ENTSTEHUNG DES AGRARSCHUTZES IN ENGLAND.

STRASSBURG

VERLAG VON KARL J. TRÜBNER.

1888.

DIE ENTSTEHUNG

DES

AGRARSCHUTZES IN ENGLAND.

EIN VERSUCH

VON

DR. RICHARD FABER.

STRASSBURG
KARL J. TRÜBNER
1888.

Universitätsbuchdruckerei Heitz & Mündel.

Vorbemerkung des Herausgebers.

Herr Richard Faber aus Wien hat sich vom Wintersemester 1884/85 bis zum Sommersemester 1886 unter meiner Leitung im staatswissenschaftlichen Seminare mit der Bearbeitung der Ursachen, Wirkungen und Abschaffung der Korngesetze Karls II. und Wilhelms III. von England beschäftigt.

Dabei konnte ich ihm für die Zeit vom Mittelalter bis ins 17. Jahrhundert die von mir seit lange gesammelten Materialien zur Verfügung stellen. Für die Zeit von 1660 bis 1815 hat er mit einem unermüdlichen, geradezu staunenswerthen Fleisse alles auf seine Untersuchung Bezügliche zusammengetragen, was nicht nur die so reichhaltige hiesige Bibliothek, sondern auch die von Göttingen, Dresden, Leipzig, München und Hamburg ihm boten.

An der völligen Verwerthung des so gesammelten, auf die zweite genannte Periode bezüglichen Materials wurde er dadurch verhindert, dass er sich genöthigt sah, um sich für die Uebernahme eines grossen Fabrikbetriebs praktisch vorzubereiten, seine akademischen Studien rascher abzuschliessen, als mit der Vollendung seiner Arbeit vereinbar war. Er hat in Folge dessen nur einen Theil derselben zum Abschluss gebracht, und wurde auf Grund desselben und des bestandenen Examens am 29. Juli 1886 von der hiesigen rechts- und staatswissenschaftlichen Facultät zum Doctor rerum politicarum ernannt.

Nachdem dieser Theil einer nochmaligen Umarbeitung unterzogen worden ist, übergebe ich ihn hiermit der Oeffentlichkeit. Herr Dr. Faber und ich beabsichtigen uns gemeinsam der weiteren Fortsetzung desselben zu unterziehen. Wir werden für jede Unterstützung dankbar sein, die uns dabei zu Theil wird, sei es durch Hinweis auf etwaige Irrthümer, die sich in die vorliegende Darstellung eingeschlichen haben, sei es durch Verweisung auf Quellen, die uns für unsere Fortsetzung von Nutzen sein können.

Noch eine Bemerkung sei mir gestattet hinsichtlich der Auszüge aus den Preistabellen Eden's, welche Herr Dr. Faber im Anhang zu dieser Abhandlung veröffentlicht. Herr Dr. Faber ist sich wohl bewusst, dass in diesen Tabellen Eden's Manches mangelhaft ist, und wäre es ihm darauf angekommen, eine Geschichte der Getreidepreise zu geben, so hätte er seine Auszüge aus Rogers' History of agriculture and prices in England gemacht. Allein dies ist nicht die Aufgabe, um die es sich handelte. Es galt ihm nur, eine annähernde Vorstellung zu erwecken von den Getreidepreisen, ihren örtlichen Verschiedenheiten und zeitlichen Schwankungen zur Zeit, da die von ihm besprochenen Gesetze erlassen wurden und in Kraft waren. Dazu genügten die Angaben bei Eden sowie Eden's Versuch, die damaligen Geldpreise auf den Geldwerth seiner Zeit zu reduciren. Da die Auszüge daraus sehr viel leichter zu machen waren, verdienten sie demgemäss für die bescheidene Aufgabe, die sie hier zu erfüllen hatten, den Vorzug.

Strassburg i. E., den 14. Februar 1888.

LUJO BRENTANO.

INHALT.

BERICHTIGUNGEN.

Seite 19 Zeile 9 von unten lies: sowie, dass.

» 21 » 5 » » » onelie the inferiour sort.

» 51 » 9 und 10 von unten lies: Lagerhäuser für Steinkohlen, welche 4000 Ladungen Kohlen fassen, für die Armen zu bauen begannen.

» 60 Zeile 9 von oben lies: Herren statt Herrn.

» 69 » 23 » » » unabhängigen Einnahmen.

» 73 » 24 » » » die, welche ihn in Händen hatten.

» » » 30 » » » Stapelplätze.

» 80 » 10 » » » «verlief» statt «verliess».

Ein besonders sinnstörender Druckfehler befindet sich auf Seite 137 Zeile 6 von unten. Statt «bestätigt» ist daselbst «beseitigt» zu lesen.

Seite 139 Zeile 13 von oben lies: «Kaufleute» statt «Kaufleuten».

» 142 » 13 von unten lies: «bis zu» statt «sogar zu».

Andere Druckfehler bittet der Verfasser mit seiner Abwesenheit vom Druckorte entschuldigen zu wollen.

Im Jahre 1774 erschien die «Politische Arithmetik» von Arthur Young, ein Buch, in dem dieser klassische Beobachter der englischen Landwirthschaft, nach Albrecht Thaer[1] «ein grosser, ein verdienstvoller, einer der verdientesten Männer des 18. Jahrhunderts» die Quintessenz seiner volkswirthschaftlichen Anschauungen niederzulegen unternommen hatte. Obwohl dem Namen nach das gesammte Gebiet der Volkswirthschaft umfassend, beschäftigt sich die «Politische Arithmetik» im Wesentlichen doch nur mit den Bedingungen der Blüthe der Landwirthschaft. A. Young führt die Ursachen auf, welche die schon damals allen Völkern als Muster dienende englische Landwirthschaft zur Blüthe geführt hätten. Er spricht von der Freiheit, deren jede Gesellschaftsklasse in England sich erfreue, von der geringen Last der Steuern und der Gerechtigkeit in ihrer Auflegung, von der Länge der Pachtverträge, von der Freiheit der Landwirthe von persönlichen Diensten. Allein alle diese Momente, führt er aus, so förderlich sie dem Aufblühen der Landwirthschaft gewesen, würden nichts ausgerichtet haben, wäre es dem Fremden erlaubt gewesen, mit den englischen Landwirthen zu konkurriren, oder wenn Ausfuhrverbote den Preis der englischen Bodenprodukte darnieder gehalten hätten. Vergeblich würden hundert Ermunterungen den Landwirth

[1] Thaer, Englische Landwirthschaft N. A. II, 2. Hannover 1801 p. 255, 256.

antreiben, grosse Ernten zu erzielen, wenn er für diese Ernten alsdann keinen Absatz und keinen ausreichenden Preis finden könne.

«Der erste grosse Schritt» so sagt A. Young wörtlich,[1] «bestand in dem Ausschluss der Einfuhr aus fremden Ländern, ausser, wenn der Preis zu Haus ein sehr hoher war; diese wichtige Massnahme war nur der Vorläufer einer anderen von gleicher Bedeutung: die Bewilligung einer Prämie auf die Ausfuhr von Korn, wenn dessen Preis eine gewisse Grenze nicht überstieg. Dies war eine der merkwürdigsten politischen Massregeln, und zwar war sie im Widerspruch mit den allgemeinen Anschauungen von ganz Europa, mit Allem, was irgendwo bisher zur Ausführung gebracht worden war.»

Das, was A. Young hier als den ersten Schritt bezeichnet, ist das Gesetz Carl's II. von 1670 (22 Car. II c. 13), das die Einfuhr von Getreide, so lange sein Preis eine gewisse Grenze nicht übersteigt, mit hohen Einfuhrzöllen belastet. Das zweite Gesetz, welches er im Auge hat, ist von 1689, der 1. Gulielmi et Mariae c. 12. Und wenn er fortfährt, dass diese Gesetze im Widerspruch zu der bisherigen Getreidehandelspolitik aller damals massgebenden Länder Europas standen, hatte er nicht Unrecht. Holland war stets nur darauf bedacht, die Getreideeinfuhr zu fördern. In Frankreich, Spanien, Neapel, war bis vor Kurzem nicht einmal die Verfrachtung von Getreide aus einer Provinz in die andere erlaubt gewesen, und in einzelnen Theilen Spaniens war dies selbst zu A. Young's Zeit noch das geltende Recht. Bis zum Jahr 1764 war die Ausfuhr von Korn aus Frankreich, mochte der Preis noch so tief stehen, verboten gewesen. In Spanien, Portugal und mehreren Theilen Italiens war sie noch 1774 verboten.[2]

Wie kam es, dass man sich in England zu solch' erstaunlicher Abweichung von der Politik der übrigen europäischen Länder, die noch dazu früher auch die englische gewesen war, entschloss? Welches waren die Wirkungen, welche diese Ab-

---

[1] A. Young, Political Arithm. London 1774 p. 29.

[2] Vgl. A. Young, l. c. p. 193.

weichung zur Folge hatte? Welche Momente führten zum Widerstand gegen diese Neuerung und schliesslich zu ihrer Wiederbeseitigung?

Die Beantwortung dieser Fragen bietet sowohl für die Theorie wie für die praktische Politik das grösste Interesse.

In der folgenden Abhandlung soll zunächst die erste derselben, die Frage nach der Entstehung der Korngesetze Karls II. und Wilhelms III. betrachtet werden.

Um sie zu begreifen, müssen wir uns vor Allem den Zustand Englands am Ende des 17. Jahrhunderts und darauf die Entwicklung der englischen Getreidehandelspolitik von der normännischen Eroberung bis 1689 vergegenwärtigen.

I.

England um 1689.

Es hält nicht allzuschwer, sich eine für unsere Zwecke ausreichende Vorstellung von der socialen, wirthschaftlichen und politischen Lage Englands um das Jahr 1689 zu machen. Ist doch das Ende des 17. Jahrhunderts die Zeit, da geistvolle und scharfsinnige Männer die wirthschaftlichen Fragen zuerst wissenschaftlich zu behandeln anfingen. Es ist die Zeit, da Sir William Petty[1] noch heute lesenswerthe Untersuchungen schrieb, da Gregory King[2] nach ziffermässigen Grundlagen zur Beurtheilung der wirthschaftlichen Verhältnisse suchte, da Davenant[3] seine Abschnitte «über das Volk von England» und «über das Land von England und seine Produkte» verfasste. Mit welcher Liebe und Sorgfalt ferner haben nicht die späteren englischen Geschichtsschreiber die Zeit der «glorreichen Revolution» behandelt, um nur statt aller anderen Macaulay's und des berühmten

---

[1] Hier kommt besonders in Betracht: Sir William Petty, Political Arithmetick. London 1691.

[2] Siehe Gregory King's Natural and Political Observations upon the State and Condition of England, zuerst genau abgedruckt in der 3. Auflage von G. Chalmers, Estimate of the Comparitive Strength of Great-Britain. London 1802, nach welchem Abdruck hier citirt wird.

[3] Vgl. die genannten Abschnitte in Davenant's Political und Commercial Works, ed. Sir Ch. Whitworth. London 1771, vol. II p. 175 ff.

dritten Kapitels seiner englischen Geschichte zu erwähnen. Dann hat Lecky in seiner Geschichte Englands im 18. Jahrhundert unsere Kenntniss auch der unmittelbar vorausgehenden Zeit erheblich erweitert, und ebenso hat neuerdings Toynbee[1] für die Kenntniss jener Zeit werthvolle Daten zusammengetragen. Die genannten drei Schriftsteller dienten dem Verfasser im Folgenden öfters zur Ergänzung der ihm zugänglichen zeitgenössischen Quellen des 17. Jahrhunderts.

Beginnen wir unsere Betrachtung mit der Angabe der Grösse des Landes. Es ist selbstverständlich, dass England und Wales damals ebenso gross waren als heute, also 37 319 221 Acres.[2] Indess schätzte man ihren Umfang damals entsprechend den Berechnungen Gregory King's auf 39 000 000 Acres.

Auch für die Bevölkerungsziffer war jene Zeit statt auf Erhebungen auf Schätzungen angewiesen. Diejenige, welche den folgenden Betrachtungen zu Grunde gelegt wird, ist die Gregory King's, der ausgehend von der Zahl der Häuser, welche die Erheber der Herdsteuer als vorhanden angaben, die Bevölkerung für das Jahr 1688 auf 5 500 520 geschätzt hat. Allerdings stimmt diese Ziffer nicht ganz genau mit der überein, welche nach der von Sir John Dalrymple im Cabinet Wilhelms III. gefundenen Notiz[3] über die vergleichsweise Stärke der religiösen Sekten in England anzunehmen wäre, nämlich 5 200 000. Rickman aber hat in der Vorrede zu den Bevölkerungslisten von 1841 nach den Kirchspielregistern die Bevölkerungsziffer von England im Jahre 1670 als 5 773 646, also höher als King, angegeben, während Finlaison 10 Jahre früher sie auf Grundlage desselben Materials sogar geringer als 5 200 000 Seelen geschätzt hatte.[4] Es zeigt sich somit, dass King's Schätzung unter denen, die nicht völlig aus der Luft

---

[1] Lectures on the industrial revolution of England. London 1884.

[2] Vgl. die Agricultural Returns of Great-Britain seit 1874.

[3] Sir John Dalrymple's Memoirs of Great-Britain and Ireland from the dissolution of the last parliament of Charles II until the Sea-Battle of la Hogue. Edinburgh 1771, vol. II part. II p. 12.

[4] Vgl. Porter, The Progress of the Nation, Ausgabe von 1851 p. 13.

gegriffen sind, in der Mitte steht, und dabei darf sie wohl auf dasselbe Mass von Zuverlässigkeit wie eine jede dieser Anspruch erheben.

Diese 5 500 000 Menschen vertheilen sich nach King[1] in der folgenden Weise auf Stadt und Land:

auf London	530 000
auf die übrigen Städte und Marktflecken .	870 000
auf die Dörfer und Weiler	4 100 000

Dabei fallen nach Macaulay[2] von den 870 000 Seelen, die in anderen Städten und Marktflecken als London wohnten:

auf Bristol	29 000
» Norwich	28 000
» York	10 000
» Exeter	10 000
» Worcester	8 000
» Nottingham	8 000
» Leeds	7 000
» Manchester	6 000
» Liverpool	4 000
» Birmingham	4 000
» Sheffield	4 000

Keine dieser Angaben kann auf absolute Genauigkeit Anspruch erheben. Immerhin aber mögen sie von dem Verhältniss, in dem die Bevölkerung sich unter Stadt und Land vertheilt, von dem Verhältnisse der Hauptstadt zu den Pronvinzialstädten und dem Verhältniss dieser zu einander eine richtige Vorstellung geben.

Als der wirthschaftlich wichtigste Theil des Landes erscheint nach Defoe's Reisebeschreibung von 1725 die südlich vom Flusse Trent gelegene Hälfte. «Das Land südlich vom Trent», sagt er,[3] «ist weitaus das grössere, das reichere und bevölkertere,

---

[1] Vgl. Chalmers l. c. p. 420.

[2] Macaulay's Geschichte Englands. Deutsch von Bülau. Leipzig 1850, II p. 71—86.

[3] Defoe and Richardson, A Tour through the Island of Great-Britain. 8. ed. vol III. London 1778 p. 55.

wesentlich verursacht durch den Handel der Stadt London». Ebenso schildert Macaulay die nördliche Hälfte als wirthschaftlich verhältnissmässig verwahrlost. Indess scheint es zweifelhaft, ob seine Angaben über die Ursachen dieses Zurückbleibens dieselben völlig erschöpfen. Nach ihm[1] hätten «physische und moralische Ursachen zusammengewirkt, die Civilisation an dem Eindringen in diese Gegend zu behindern. Die Luft war rauh, der Boden in der Regel so, dass er kunstvollen und mühsamen Anbau erforderte, und es war wenig Wirthschaftskunst und Betriebsfleiss in einer Landesstrecke zu erwarten, welche oft der Schauplatz des Krieges war und selbst, wenn dem Namen nach Friede bestand, fortwährend durch Banden schottischer Räuber verheert wurde.» Und gewiss fallen diese von Macaulay betonten Thatsachen schwer ins Gewicht. Allein nach Macaulay's eigener Schilderung[2] von der Thätigkeit der Heerstrassenräuber bis in die nächste Umgebung von London scheint der Sicherheitszustand im Süden nicht grösser gewesen zu sein. Nach Defoe[3] wurden ferner die südlichen Städte mit Ausnahme von London von denen des Nordens so ziemlich erreicht. Die verhältnissmässig geringere Kultur des Nordens beschränkte sich also auf das platte Land. Es fragt sich aber, ob diese Minderkultur, nicht auch durch ökonomische Ursachen von mehrere Jahrhunderte langer Dauer verursacht sein dürfte.

Wir haben nämlich zahlreiche urkundliche Nachrichten die bis in die Zeit König Johanns[4] zurückgehen, dass unter Aufhebung des allgemeinen Getreideausfuhrverbots kraft besonderer königlicher Licenz wiederholt Getreideausfuhren aus England nach Flandern, nach der Normandie, Bretagne, Poitou, Guienne und Gascogne stattfanden. Dieses Getreide aber kam Alles aus den südlichen Grafschaften; denn wenn wir einen Blick auf

---

[1] Macaulay, a. a. O. II 11.

[2] a. a. O. p. 125.

[3] a. a. O.

[4] Vgl. Rotuli Litterarum Patentium, ed. Hardy 1835 p. 2, 41, 59, 60, 61, 62, 63, 76, 78, 79. Für die spätere Zeit, bis 1393, vgl. die zahlreichen in den Rotuli Parliamentorum abgedruckten Petitionen der Gemeinen um Getreideausfuhrverbote und ihre Begründung.

die Karte der englischen Seehandelsstrassen im Mittelalter werfen,[1] so finden wir, dass die Ausfuhr nach den genannten Ländern wesentlich aus den südlichen englischen Häfen stattfand. Noch unzweideutiger geht dies aber aus den Petitionen der englischen Gemeinen hervor, welche Beseitigung der Getreideausfuhrverbote oder der Erschwerungen der Getreideausfuhr durch Licenzen verlangen. In diesen Petitionen von 1393,[2] 1425,[3] 1436,[4] 1442[5] und 1444[6] wird geklagt, dass in Folge des Verbots, ohne besondere Licenz des Königs irgend welche Art von Getreide aus dem Königreiche auszuführen oder zu verschiffen, die Gemeinen ihr Getreide nicht verkaufen könnten ausser zu niedrigen Preisen. Daraufhin wird zuerst für beschränkte Zeit, schliesslich für immer die Ausfuhr gegen Entrichtung von Zöllen gesetzlich bewilligt. In der Petition von 1425 werden aber insbesondere die Gemeinen der Grafschaft Kent als diejenigen bezeichnet, welche ihre landwirthschaftlichen Produkte nach den genannten Ländern auszuführen gewohnt seien, und in der Petition von 1442 heisst es, dass die bisherige Aufhebung der Ausfuhrverbote insbesondere im Interesse der an der See gelegenen Grafschaften erfolgt sei. Die Grafschaften, welche uns Young im 18. Jahrhundert als den Sitz des blühenden intensiven Anbau's schildert: Norfolk, Suffolk, Essex, Kent, Sussex, Hampshire, Surrey, Hertfordshire, Bedfordshire, Buckinghamshire, Berkshire u. s. w. sind also diejenigen, die schon seit dem Mittelalter ihre Produkte nicht blos nach nächstgelegenen kleinen Landstädten verkauften, sondern die einmal zu Land oder zu Wasser (via Themse oder See) London versorgten und ausserdem nach den gegenüberliegenden Gestaden zu verkaufen Gelegenheit hatten. Sollte nicht diese durch Jahrhunderte andauernde Gelegenheit des Südens, sein Getreide zu höhern

---

[1] Vgl. die Karte in Hubert Hall, History of the Custom-Revenue in England. vol. I. London 1885.

[2] Rotuli Parliamentorum III 320 Nr. 39.

[3] Rot. Parl. IV 307 Nr. 37.

[4] Rot. Parl. IV 500 Nr. 21.

[5] Rot. Parl. V 54 Nr. 23.

[6] Rot. Parl. V 107 Nr. 33.

Preisen loszuschlagen, auch eine der Ursachen seiner grösseren Wirthschaftskunst und seines grösseren Betriebsfleisses in Bestellung des Landes gewesen sein?

Wie die Grafschaften südlich vom Trent vorgeschrittener als die des Nordens, so waren in der nördlichen Hälfte abermals die südlicher gelegenen die wirthschaftlich entwickeltesten; auch hatten dieselben in Hull, gelegen an dem aus der Vereinigung von Ouse und Trent entstehenden Flusse Humber, einen vorzüglichen Ausfuhrhafen.

Nach Defoe (1725) wurde der grösste Theil der wollenen Erzeugnisse von Leeds, Wakefield, Huddersfield und Halifax hier verhandelt. Alles Blei aus Derbyshire und Nottinghamshire und von Bautry, die Butter aus dem Ost- und dem Nord-Riding, die von York aus den Ouse herabkam, der Käse, den der Trent aus Staffordshire, Warwickshire und Cheshire zuführte, und das Korn der umliegenden Grafschaften wurde von hier aus verschifft. Insbesondere nach Holland war der Handel so gross, dass die Holländer regelmässig zwei Kriegsschiffe zur Begleitung der von und nach Hull fahrenden Schiffe verwendeten.[1]

Was die Vertheilung der Bevölkerung unter die einzelnen Wirthschaftszweige angeht, so zeigen uns nicht nur die oben wiedergegebenen Ziffern King's über die Vertheilung der Bevölkerung auf Stadt und Land die erdrückend überwiegende Bedeutung des Ackerbaus für das England von 1688. Dasselbe zeigt auch die von King für das Jahr 1688 aufgestellte Berufs- und Einkommensstatistik.[2]

(Siehe dieselbe umstehend auf Seite 10, 11).

Die Gruppirung der Berufe in Landinteresse, Handelsinteresse, Manufakturinteresse, Beamten, und liberale Berufsarten in dem umstehenden Abdruck findet sich nicht in der Tabelle King's. Auch wurde die Reihenfolge der Berufe, um diese Gruppirung vornehmen zu können im Obigen etwas verändert.

---

[1] Siehe Defoe's Tour III (8. ed.) p. 205.

[2] Siehe Chalmers p. 424, 425. Hierbei sei bemerkt, dass der Abdruck der Tabelle bei Chalmers in Columne 12 zwei Additionsfehler enthält. King rechnet 2 447 100 Personen heraus, welche den Reichthum mehren und 622 000, die ihn mindern. Die richtigen Ziffern wurden in unserem Abdruck eingestellt.

Uebersicht über die Einnahmen und Ausgaben der in England wohnenden Familien berechnet für das Jahr 1688.

1	2	3	4	5	6	7	8		9		10		11		12
Laufende Nummer.	Zahl der Familien.	Rang, Titel und Beruf.	Seelen per Familie.	Zahl der Personen	Jahresein-kom. pr. Familie.	Jahresein-kommen der Klasse.	Jahresein-kommen pr. Kopf.		Jahres-ausgabe pr. Kopf.		Jährliche Zunahme pr. Kopf.		Jährliche Abnahme pr. Kopf.		Jährliche Zunahme d. Klasse.
					L.	L.	L.	s.	L.	s.	L.	s.	L.	s.	L.
1	160	Weltliche Lords.	40	6 400	2 800	448 000	70		60		10				64 000
2	26	Geistliche Lords.	20	520	1 300	33 800	65		55		10				5 200
3	800	Baronets	16	12 800	880	704 000	55		51		4				51 000
4	600	Ritter	13	7 800	650	390 000	50		46		4				31 200
5	3 000	Esquires	10	30 000	450	1 200 000	45		42		3				90 000
6	12 000	Gentlemen	8	96 000	280	2 880 000	35		32	10	2	10			240 000
7	40 000	Grössere Freisassen	7	280 000	84	3 360 000	12		11		1				280 000
8	140 000	Kleinere Freisassen	5	700 000	50	7 000 000	10		9	10		10			350 000
9	150 000	Pächter	5	750 000	44	6 600 000	8	15	8	10		5			187 000
10	2 000	Höhere Geistliche	6	12 000	60	120 000	10		9		1				12 000
11	8 000	Niedere Geistliche	5	40 000	45	360 000	9		8		1				40 000
A	**356 586**	**Landinteresse.**		**1935 520**		**23 095 800**									**1850 400**
12	2 000	Grosse Kaufleute u. Händler üb. die See	8	16 000	400	800 000	50		40		10				160 000
13	8 000	Kleinere Kaufleute u. Händler üb. Land	6	48 000	200	1 600 000	33		28		5				240 000
14	40 000	Ladenbesitzer und Kaufleute	4½	180 000	45	1 800 000	10		9	10		10			90 000
B	**50 000**	**Handelsinteresse**		**244 000**		**42 000 000**									**490 000**

15	60000	Gewerbetreibende und Handwerker .	4	240000	40	2400000	10		9	10	10		120000
C	60000	**Manufakturinteresse**		**240000**		**2400000**							**120000**
16	5000	Personen in grossen Aemtern u. Stellen	8	40000	240	1200000	30		27		3		120000
17	5000	Personen in klein. Aemtern u. Stellen	6	30000	120	600000	20		18		2		60000
18	5000	Offiziere der Kriegs- u. Handelsmarine	4	20000	80	400000	20		18		2		40000
19	4000	Offiziere der Landarmee	4	16000	60	240000	15		14		1		16000
D	19000	**Beamte**		**106000**		**2440000**							**2360000**
20	10000	Advokaten und Richter	7	70000	140	1400000	20		17		3		210000
21	16000	Freie Berufsarten in Kunst u. Wissenschaft	5	80000	60	960000	12		11	10	1 10		40000
E	26000	**Liberale Berufsarten**		**150000**		**2360000**							**250000**
22	511586	Summe von **A, B, C, D** und **E** .		**2675520**		**34495800**							**2446400**
													Jährliche Abnahme.
23	50000	Matrosen	3	150000	20	1000000	7		7	10		10	75000
24	364000	Arbeiter und ausser dem Haus wohnende Diener	3½	1275000	15	5460000	4	10	4	12		2	127500
25	400000	Häusler und Arme	3¼	1300000	6½	2000000	2		2	5		5	325000
26	35000	Gemeine Soldaten	2	70000	14	490000	7		7	10		10	35000
27	849000	Summe von 23, 24, 25 und 26 . .		2795000		8950000							562500
28		Vagabunden		30000		60000	2		3			1	60000
		Somit stellt sich die Gesammtrechnung folgendermassen:											**Zu- resp. Abnahme.**
29	511586	Personen, die den Reichthum des Landes mehren	5¼	2675520	67	34495800	12	18	12		18		2446400
30	849000	Personen, die ihn mindern	3¼	2825000	10½	9010000	3	3	3	7½		4½	622500
31	1360586	In Summa . . .		5500520	32	43505800	7	18	7	11¼	6¾		1823900

Die Zuzählung der höheren und niederen Geistlichkeit zum Landinteresse rechtfertigt sich mit Rücksicht darauf, dass auch diese ihr Einkommen aus Grundbesitz zogen, sei es in Renten, sei es in Zehnten. Dagegen müssen von den Matrosen, den Arbeitern, den ausserhalb des Hauses der von ihnen bedienten Herrschaft wohnenden Dienern, den Häuslern, Armen und gemeinen Soldaten, endlich von den Vagabunden, kurz von all' denen, welche King, weil sie nicht ganz von ihrem eigenen Einkommen, sondern zum Theil von Zuwendungen Anderer lebten, als Personen, welche den Reichthum des Landes mindern, bezeichnet, 2 064 480 Personen als Anhang des Landinteresses angesehen werden. Diese Ziffer ergibt sich, indem von den 4 100 000 Personen, die nach King auf Dörfern und Weilern leben, die 1 935 520 Personen des Landinteresses, welche den Reichthum des Landes mehren, in Abzug kommen, während alsdann 760 520 Personen die den Reichthum des Landes mindern, den städtischen Berufsarten zuzutheilen sind. Im Ganzen also 4 100 000 Personen, die vom Landinteresse, gegen 1 400 520, die von den städtischen Berufsinteressen beeinflusst werden, und von diesen 530 000 in London, 870 520 in anderen Städten und Flecken.

Beschränkt man sich aber auf die «Personen, welche den Reichthum des Landes mehren», so zeigt sich, dass die Interessen der von der Landwirthschaft Lebenden nach der Meinung des gewiegtesten politischen Arithmetikers jener Zeit die weitaus wichtigsten des damaligen Englands waren. Mehr wie zwei Drittel der Familien wie der Personen sind in ihrem Einkommen von dem Ertrage der Landwirthschaft abhängig; und Kaufleute, Gewerbetreibende und Handwerker bilden der Familienzahl nach weniger als ein Drittel, der Kopfzahl nach weniger als ein Viertel der von der Landwirthschaft Lebenden. Ebenso berechnet King das aus Handel, Gewerbe und Handwerk bezogene Einkommen noch auf weniger als ein Drittel des aus der Landwirthschaft Bezogenen, während er die Fähigkeit der Kaufleute, Gewerbtreibenden und Handwerker, Ueberschüsse zurückzulegen, als grösser als die der Bauern und Pächter angibt.

Die Wirthschaft der in King's Tabelle angeführten 40 000 grösseren und 140 000 kleineren Freisassen und der 150 000

Pächterfamilien, welche die Landwirthschaft selbstthätig betrieben, war, was die Freisassen, zumal die 140000 Kleineren unter ihnen, angeht, ganz überwiegend Naturalwirthschaft. Weitaus das Meiste, was der Bauer bedurfte, wurde von ihm und seiner Familie selbst hergestellt; wie auch umgekehrt das, was die Wirthschaft des Bauern herstellte, von ihm und seiner Familie zum grössten Theil selbst verbraucht wurde. Es folgt dies aus den Argumenten, mit denen noch in der Mitte und letzten Hälfte des 18. Jahrhunderts Schriftsteller wie Arthur Young[1] gegen den kleinbäuerlichen Grundbesitz eifern. Ein Land parzellirt in lauter kleine Bauerstellen möge ganz kultiviert sein, biete aber dem Staate keinerlei Vortheile, abgesehen von dem blossen Züchten von Menschen, « was für sich betrachtet, eines der unnützesten Ziele sei ». Eine solches Land lebe blos für sich; die Bauern verzehrten nur ihre eigenen Produkte, seien aber weder im Stand, Industrieprodukte zu kaufen, noch Steuern zu zahlen.

Uebrigens hätte es den Freisassen, auch wenn sie den Willen gehabt hätten, ihr Getreide zu verkaufen, in den meisten Fällen an der Gelegenheit dazu gefehlt. Denn wenn man von den Freisassen in den Grafschaften um London — besonders in Kent,[2] wo es Freisassen mit 1000, ja 1500 L. Einkommen gab — und in den Seegrafschaften absieht, hätten sie, wo nicht zufällig ein schiffbarer Fluss zur Verfügung stand, ihre Produkte nur auf den Markt der nächsten Stadt bringen können. Bei der geringfügigen Einwohnerzahl dieser Städte, wie sie oben nach Macaulay's Berechnungen mitgetheilt wurde, mussten aber die denselben zunächst benachbarten grossen Güter völlig ausreichen, um deren Bedarf zu decken. An eine weite Verfrachtung auf den Landstrassen aber war nicht zu denken. Von dem damaligen Zustand der englischen Landstrassen nämlich, kann man sich eine Vorstellung aus dem Berichte[3] des Italieners Busino machen, der 1617-8 in Begleitung des venetianischen Gesandten

[1] Vgl. A. Young, Polit. Arithm. p. 47, 48; p. 287 ff.

[2] Vgl. Chamberlayne, The State of England, 1672 p. 319.

[3] Siehe Publications of the New-Shakspere Society, Series VI 5 p. 59.

England bereiste. Zur Zurücklegung einer Entfernung von 150 englischen Meilen brauchen sie 6 Tage; «allein die Strassen waren so schlecht, dass die Kutsche gelegentlich im Kothe stecken blieb, obwohl die Pferde seiner Herrlichkeit äusserst kräftig waren. Einmal brachen sie völlig zusammen.» Noch im Jahr 1662 war dieser Zustand ganz unverändert, weshalb denn auch die Einleitung zu dem Gesetze 14. Car. II, c. 6 den Transport auf den Hauptstrassen des Landes für «sehr gefährlich und fast unmöglich» erklärt, und das Gesetz die Ernennung von Strassenaufsehern befiehlt, welche von Zeit zu Zeit die Strassen besichtigen, die nöthigen Verbesserungen anordnen, die Strassenfrohnpflichtigen heranziehen und die Kosten der Unterhaltung den Anwohnern auflegen sollen. Dabei ist es bemerkenswerth, dass die Absätze 16, 17 und 19 des Gesetzes den Gedanken nahe legen, dass die Zunahme des Transports, welche dieses Einschreiten der Gesetzgebung veranlasste, auf die südlichen Grafschaften, besonders die in der unmittelbaren Umgebung von London beschränkt war. Indess bereits 1663 finden wir ein neues Gesetz für drei London benachbarte Grafschaften. Die alte Haupt- und Poststrasse von London nach York und von da nach Schottland und ebenso die von London nach Lincolnshire, so berichtet die Einleitung zum 15. Car. II, c. 1, führe meilenlang durch die Grafschaften von Hertford, Cambridge und Huntington. In diesen Grafschaften sei die Strasse in Folge der grossen Lasten, welche wöchentlich auf denselben gefahren und besonders in Folge der grossen Mengen Gerste und Malz, welche in der Grafschaft Hertford nach Ware gebracht und von da zu Wasser nach London befördert würden, und ebenso in Folge mancher Wagen, die aus dem Norden, den Städten Norwich, Edmundsbury und Cambridge nach London kämen, sehr schlecht, ja unpassirbar, so dass sie für des Königs Unterthanen gefährlich geworden seien. Da die Anwohner nicht im Stande seien die Kosten für den Unterhalt dieser Strassen aufzubringen, sollen in den genannten drei Grafschaften Wegegebühren erhoben werden. Es zeigt diese Beschränkung der Massregel, dass eben nur in der unmittelbaren Umgebung von London der Transport ein so reger war, dass eine Aenderung eintreten musste. In allen anderen Grafschaften bleibt das alte

System bestehen. 1670 werden durch den 22. Car. II, c. 12 seine Bestimmungen abermals eingeschärft. Aber der Zustand der Wege blieb immer noch der Art, dass ein Getreidetransport aus den inneren Grafschaften nach der See auf denselben nicht möglich war. Daher denn auch 1677 einem im Parlamente gestellten Antrage auf Beseitigung der von der Ausfuhr von Getreide erhobenen Zölle, widersprochen wurde, da derselbe den mittleren Theilen des Landes nicht zu Gute käme.[1] Und dieser Zustand der Verkehrsmittel macht es begreiflich, dass Macaulay in seiner Schilderung von England im Jahre 1685 berichten kann,[2] dass «die Märkte oft mehrere Monate unzugänglich waren», dass man «die Bodenerzeugnisse oft an dem einen Orte verfaulen lassen musste, während an einem anderen nur wenige Meilen entfernten Orte der Vorrath der Nachfrage bei Weitem nicht entsprach», dass die Fracht von London nach Birmingham 7 Pfund für die Tonne (gleich 1015,9 Kilogramm), von London nach Exeter 12 Pfund für die Tonne betrug.

Es gab aber im damaligen England keine unterthänigen Bauern mehr, wie in jener Zeit noch in Norddeutschland, durch welche und auf deren Kosten der Gutsherr sein Getreide bis auf 15 deutsche Meilen Entfernung zu Markt führen lassen konnte;[3] jede Marktfuhre verursachte Auslagen. Jedweder Gutsbesitzer, der im Innern des Landes, fern von einem schiffbaren Fluss wohnte, war somit ganz ausser Stand für den Verkauf auf einem nur etwas entfernten Markt zu produciren.

So bleiben in der Hauptsache nur die Pächter, die den Grundeigenthümern Rente zahlen und deshalb ihre Produkte verkaufen müssen, als Landwirthe, welche Getreide für den Markt produciren. Auch diese aber mussten im Innern des Landes bei der geschilderten Beschaffenheit der Transportmittel, das Mittel zur Rentenzahlung in der Schafzüchtung und im Wollverkauf suchen; Getreide konnten sie nur soviel bauen als

---

[1] Siehe Debates of the House of Commons from the year 1667-1694, coll. by the Hon. Anchitell Grey, Text, vol. IV 341.

[2] Macaulay, a. a. O. II 118, 120.

[3] Vgl. den Artikel «Kornfuhre» in Krünitz, Oekonomisch-technologische Encyklopädie, 45. Theil. Berlin 1789 p. 223 ff.

sie selbst brauchten oder an die unbedeutenden kleinen Grafschaftsstädte absetzen konnten. Nur in den Seegrafschaften und in der unmittelbaren Umgebung von London konnte man hoffen, sei es auf dem Londoner Markte, sei es durch Ausfuhr ins Ausland, Getreide in grösseren Mengen zu verkaufen. Auch dies lässt sich aus den von Davenant[1] etwas abgeändert und verbessert mitgetheilten Berechnungen Gregory King's ziffermässig belegen. Denn danach betrugen 1688 in England die vom Kornland bezogenen Renten 2 200 000 L., die von Weide- und Wiesenland bezogenen Renten dagegen 5 200 000 L. Die Renten, welche die Viehzucht abwirft, betragen also nahezu das Anderthalbfache der Renten, welche der Getreidebau abwirft, und die merkantilistischen Schriftsteller der Zeit, — ganz abgesehen davon, dass sie wie Petty und Davenant England stets das Beispiel Hollands, das Einbringlicheres als Landwirthschaft treibe, als Muster hinstellen — suchen auch damit zu beweisen, dass es viel mehr in Englands Interesse liege sein Land zur Viehzucht statt zum Kornbau zu verwenden.[2]

Unter den beiden obengenannten Absatzgelegenheiten für Getreide spielt aber im 17. Jahrhundert bis 1689 die Ausfuhr ins Ausland nur eine ganz untergeordnete Rolle. Allerdings wird gelegentlich einmal Getreide verschifft, wenn die Preise auf dem Londoner Markte recht niedrig, auswärts aber recht hoch sind, — nach der Niederlassung in Tanger, in Afrika, nach den Pflanzungskolonien, nach Italien, Spanien, Portugal, Dänemark, am meisten nach Holland. Aber der Werth des im Jahre 1662 ausgeführten Getreides beträgt nur 4315 L. 5 s, der Werth des 1668 ausgeführten nur 2011 L. 4 s,[3] 1669 wird

---

[1] Davenant, Works II 217, 218.

[2] So citirt Davenant (Works II 228) mit Nachdruck aus Fortrey's Englands Interest and Improvement p. 15 die folgende Stelle: «The profit of one acre of pasture in the flesh, hide and tallow of an ox or in the flesh, wool, and tallow of a sheep, or in the carcase of a horse, is of much greater value abroad, than the like yield of the earth would be in corn; that the exportation of this nation might be at least double to what it is, if rightly disposed.»

[3] Siehe Davenant, Works V p. 424.

gar kein[1] Getreide ausgeführt, und am meisten erhellt die ganze Unerheblichkeit der damaligen Getreideausfuhr aus der Thatsache, dass Sir William Petty in seiner Aufzählung[2] der englischen Ausfuhrartikel Getreide mit keiner Sylbe erwähnt.

Dagegen war der Getreideabsatz auf dem Londoner Markt für die Pächter der umliegenden und der an Themse oder See liegenden Grafschaften von der grössten Bedeutung, denn nach der schon mitgetheilten Berechnung King's wohnte hier ein Zehntel der Bewohner des ganzen Landes, 530 000 Personen, welche, da die Getreideeinfuhr von Aussen seit 1670[3] wachsenden Beschränkungen unterworfen worden, immer mehr auf die Zufuhr aus diesen Grafschaften angewiesen war. Es wurde schon oben bemerkt, dass die Landwirthschaft dieser Grafschaften entsprechend dieser ausserordentlichen Gelegenheit, ihre Produkte abzusetzen, auch als die technisch vorgeschrittenste geschildert wird. Namentlich galt dies frühzeitig von Norfolk, Suffolk, Essex Kent und Sussex, also der unmittelbaren Nachbarschaft Londons.[4]

Schon bei Erörterung der Absatzgelegenheiten der Pächter wurde oben erwähnt, dass Weiden und Wiesen den Grundeigenthümern eine viel grössere Rente brachten als das Pflugland. Es ist indess nöthig die ganze Tabelle, welche Davenant über das Verhältniss der einzelnen Kulturarten zu einander

---

1 Ibid. p. 407.

2 Political Arithmetick. London 1691 p. 83.

3 Vgl. unten im 3. Abschnitt.

4 So heisst es in Stow's Beschreibung von London von 1598: «London macht die Grafschaften von Norfolk, Suffolk, Essex, Kent und Sussex blühend, welche, da sie unserem mächtigsten Nachbar gegenüberstehen, auch (mehr als andere) im Zustand grösster Stärke und grössten Reichthums erhalten werden müssen: und diese Stärke und Reichthümer, wie wohl bekannt ist, beruhen nicht so sehr auf Vorzügen ihres Bodens als auf ihrer Nachbarschaft und Nähe zu London.» Vgl. Stow on the Benefits London does the realm in der Einleitung zu der von der New-Shakspere Society herausgegebenen Description of England von Harrison, Publications of the new Shakspere Society, Series VI 5 p. 21. Vgl. ferner schon Tusser (1557) citirt unten auf p. 23, Anmerkung 2.

abdruckt, widerzugeben, um die später eintretenden Veränderungen würdigen zu können.

	Zahl der Acres.	Werth per Acre.			Rente.
		L.	s.	d.	L.
Pflugland	9000000	0	5	6	2480000
Weiden und Wiesen .	12000000	0	8	8	5200000
Gehölze und Büsche .	3000000	0	5	0	750000
Wälder, Parke, Gemeindeländereien. .	3000000	0	3	8	570000
Heiden, Moore, Berge, Oedland	10000000	0	1	0	500000
Häuser u. Hausstätten, Frucht u. Ziergärten, Kirchen u. Kirchhöfe	1000000	das Land die Gebäude			450000 2000000
Flüsse, Seen, Lachen, Teiche	500000	0	2	0	50000
Strassen, Wege und Wüstland	500000				
Im Ganzen . . .	39000000	ungefähr	2	6	12000000

Das Produkt des Pfluglands wird bei Davenant für Jahre von mittlerer Fruchtbarkeit wie folgt angegeben:

	Quarter.[1]	Werth per Quarter.	Werth.
		s.	L.
Weizen	1750000	28	2450000
Roggen	1250000	20	1250000
Gerste	3375000	16	2700000
Hafer	2000000	12	1200000
Erbsen	875000	20	875000
Bohnen	500000	20	500000
Wicken	125000	16	100000
Im Ganzen . .	9875000	ungefähr 18 s. $4^1/_2$ d.	9075000

[1] Die Angaben bei Davenant sind in Bushel. Der späteren Vergleichung halber wurden die Bushel in Quarter umgerechnet. 8 Bushel = 1 Quarter.

Davenant, dem diese von ihm verbesserten Berechnungen King's entnommen sind,[1] fährt nach Mittheilung derselben fort:

« Dies ist nur der Reinertrag mit Ausschluss des Saatkorns, welches bei einigen Getreidearten $^1/_5$ des Ertrags, bei anderen $^1/_8$ ausmacht und daher im Ganzen auf 1 375 000 Quarter mehr berechnet werden dürfte. Der Gesammtertrag stellt sich somit auf 11 250 000 Quarter, welche, den Quarter zu 18 s. 4 $^1/_2$ d. im Durchschnitt gerechnet, ungefähr 10 338 600 L. werth sind.

« Man bemerke, dass dies der Werth am Erzeugungsort des Getreides ist. Dieser Werth aber erhöht sich durch die Fracht nach dem Verzehrungsorte zum Mindesten um ein weiteres Viertel.

« Diese 1 375 000 Quarter sind das Produkt von 8 von den 9 Millionen Acres Pflugland; auf der weiteren Million wächst Hanf, Flachs, Waid, Saffran, Rübsen, Hopfen, Färbekraut u. s. w. deren Werth ungefähr 1 Million betragen mag.»

Nach diesen Angaben stand also damals der Getreidebau unter den Interessen der englischen Grundbesitzer keineswegs in erster Linie. In erster Linie stand sowohl was die Zahl der derselben gewidmeten Acres als auch was die Rente, die diese abwarfen, angeht, die Viehzucht. Wenn man von den 12 Millionen Pfund Renten, welche der Grundbesitz abwarf, die 2 Millionen abzieht, die auf die Gebäude kommen und von den 2 480 000 L. Renten des Pfluglands 280 000 als Ertrag der mit Handelspflanzen bestellten Acres in Abzug bringt, beträgt die Rente vom Kornland wenig mehr als ein Fünftel des Gesammtbetrages des ländlichen Grundeigenthums.

Ebenso ist das starke Uebergewicht der Gerste unter den Erzeugnissen des Getreidelands bemerkenswerth, sowie das damals der Hafer noch die zweite Stelle unter denselben einnimmt. Später nach der Union von England und Schottland, bleibt England im Haferbau weit hinter diesem zurück; es tritt eine lebhafte Ausfuhr von schottischem Hafer ein.

Das Uebergewicht der billigeren Getreidearten über den Weizen hatte aber nicht etwa seine Ursache in einer etwaigen Ungunst des Bodens oder des Klimas. Im Gegentheil: der

---

[1] Vgl. Davenant's Works II 216.

englische Boden hat sich später als für den Weizenbau vorzüglich geeignet gezeigt. Allein während Weizen oder Roggen als Regel 16—20 Bushel Ertrag vom Acre gab, gab Gerste 36 Bushels, Hafer 32 bis 40 Bushels, ein Verhältniss, das indess in den nördlichen Grafschaften mitunter geringer, in den südlichen mitunter grösser war.[1] Dem entsprechend die grössere Theuerkeit des Weizens und dem entsprechend die geringere kauffähige Nachfrage, die nach ihm bestand. Die grosse Menge der Nation lebte, was Brod angeht, von Roggen und Gerste, in theueren Zeiten von Brod, das aus Bohnen, Erbsen oder Hafer oder allen zusammen, mitunter unter Beimischung von Eicheln, hergestellt wurde.[2] Nach Macaulay[3] war ein Weizenbrod, wie es im 19. Jahrhundert den Insassen eines englischen Arbeitshauses gereicht wird, um 1685 selbst auf dem Tische eines Freisassen oder eines Krämers nur selten zu sehen, und dazu kam noch, dass ebenso wie nach Harrison[4] in seiner Zeit (1586), so nach Macaulay um 1685 ein sehr grosser Bierkonsum stattfand; Bier ersetzte den damaligen mittleren und unteren Klassen nicht nur den Wein, sondern auch den heute so verbreiteten Thee und die gebrannten Wasser;[5] und damit stimmt

---

[1] Vgl. Harrison's Description of Britaine von 1586. Holinshed's Chronicles, vol. I. London 1807 p. 185.

[2] Wenn Rogers, History of agriculture I 26 schreibt: «Wheat was the customary food of the people of this country from the earliest times», so steht dies in Widerspruch mit allen Quellenzeugnissen, auf die ich gestossen bin, z. B. Harrison's Description of England von 1586 sagt: «The bread through out the land is made of such graine as the soil yeeldeth neuerthelesse the gentilitie commonlie prouide themselues sufficientlie of wheat for their owne tables, whilest their household and poor neighbours in some shires are inforced to content themselues with rie, or barleie, yea and in time of dearth manie with bread made either of beans, peason, or otes, or of altogither and some acornes among, of which scourge the poorest doo soonest tast, sith they, are least able to prouide themselues of better.» Holinshed's Chronicles. vol. I p. 283.

[3] Macaulay, a. a. O. II p. 172.

[4] Vgl. Harrison. a. a. O. p. 282-286.

[5] Macaulay, a. a. O. II p. 54.

es überein, wenn Lecky[1] angibt, dass nach einer 1688 angestellten Berechnung nicht weniger als 12 400 000 Fässer in einem einzigen Jahre gebraut wurden, obwohl die Bevölkerung wenig mehr als 5 Millionen betrug. «Im Jahre 1695, als die Accise etwas erhöht war, sank der Verbrauch auf 11 350 000 Fässer, aber auch dann war beinahe der dritte Theil des urbaren Landes mit Gerste bebaut.» Der Bierkonsum war also kolossal und daher das Uebergewicht der Gerste unter den Getreidearten. Dagegen finden wir in Uebereinstimmung mit dem Uebergewicht der Viehzucht über den Getreidebau einen starken Verbrauch von Weissfleisch, Milch, Butter und Käse seitens der unteren Klassen,[2] und Harrison weiss nicht genug die Mengen hervorzuheben, die besonders bei Hochzeiten, Kindtaufen und ähnlichen Festen an solchen Lebensmitteln von den Bauern zusammengebracht und vertilgt würden.[3] Auch ist im Gegensatz zur Würdigung Macaulay's[4] hervorzuheben, dass auch nach den Angaben King's für 1688 der damalige Fleischkonsum der unteren Klassen im Vergleich zu späteren Zeiten keineswegs so ganz ungünstig erscheint. Vielmehr hat Macaulay stark übertrieben, wenn er angeblich auf King's Autorität hin angibt, dass es «Hundertausende von Familien gab, die kaum wussten, wie Fleisch schmeckt.» Nach King assen nämlich unter einer Bevölkerung von 5 500 000 Menschen gegen 2 700 000 täglich Fleisch, von den übrigen 2 800 000 Menschen 1 540 000 wenigstens zweimal wöchentlich Fleisch, während 24 000 entweder Kranke oder Kinder unter 13 Monaten waren. Es blieben also noch 1 020 000 Menschen, die «Almosen empfiengen und folglich nicht mehr als einmal wöchentlich Fleisch genossen.»[5]

---

[1] Lecky, Geschichte Englands im 18. Jahrhundert, übersetzt von Löwe. Leipzig 1879 I p. 512.

[2] «White meats, milke, butter and cheese, which were neuer so deere as in my time, and woont to be accounted of as one of the chiefe staies throughout the Iland, are now reputed as food appertinent onelie to tle inferiour sort, whilest such as are more wealthie» etc. Harrison's Description of England, a. a. O. p. 279.

[3] Ebendaselbst p. 282.

[4] Macaulay, a. a. O. II p. 171.

[5] Vgl. Chalmers p. 431.

Ganz in Uebereinstimmung mit allen diesen Nachrichten über die landwirthschaftliche Produktion sind endlich die über die landwirthschaftliche Betriebsweise. «Auf den Fruchtwechsel», schreibt Macaulay,[1] verstand man sich noch sehr unvollkommen.» Und begreiflicher Weise. Für die englische Landwirthschaft wie für jede andere ist der Begriff von Verbesserungen von jeher an die Befreiung der Grundstücke aus der Gemenglage, vom Flurzwang und der Nachweide, und die Auftheilung des Gemeinlands, an den Begriff der inclosures, geknüpft gewesen. Erst nachdem die Grundherrn ihre Grundstücke aus der Gemenglage herausgenommen und sie zusammengelegt und das Gemeinland eingefriedigt hatten, konnten sie jedwedes Betriebssystem, das ihnen gutdünkte, einschlagen. Diese Reform der Feldmark durchzuführen zum Zweck eines verbesserten Getreidebaus war aber angesichts der grossen damit verbundenen Kosten, solange die Absatzgelegenheit für Getreide noch so gering war, wie oben dargelegt wurde, nicht rentabel, und wenn auch in William Stafford's Dialog[2] der Doktor zugibt, dass nicht alles und jedes eingehegte Land dem Ackerbau entzogen und der Weidewirthschaft gewidmet wurde, so zeigt doch gerade auch dieser Dialog, dass es mit der grossen Mehrzahl der seit der Hebung der Wollenmanufaktur und dem Steigen der Wollpreise gegen Ende des 15. Jahrhunderts vorgenommenen Einhegungen der Fall war. Abgesehen von den südöstlichen Grafschaften finden sich nirgends Einhegungen zu anderen Zwecken. Und ganz begreiflich: denn der Schafzucht dienstbar gemacht waren diese Einhegungen ungemein vortheilhaft. Wir wissen aber, dass die Einhegungen des 16. Jahrhunderts, die zu so grossen Unruhen und Bauernaufständen führten, grösstenteils von Kaufleuten,[3]

---

1 Ebendaselbst p. 46.

2 Siehe William Stafford's compendious or briefe examination of certayne ordinary complaints of divers of our countrymen in these our Dayes, A. D. 1581. Publications of the New-Shakspere Society, Series VI 3, 8, 41.

3 So fand Froude unter den State Papers folgende Notiz eines der Mitglieder des Geheimen-Raths, welche das Gesetz von 1533 gegen Inclosures vorbereiteten: « Mem. That an Act may be made that merchants shall employ their goods continually in the traffic of

die ihre im Handel gewonnenen Reichthümer im Land anlegten, und von denen[1] ausgingen, die in den Besitz confiscirter Kloster- und Stiftungsgüter gelangt waren, also von Leuten, welche den Handelsgeist in die Landwirthschaft einführten. Im Gegensatz zu dem Herkommen, das unter den früheren Besitzern die Wirthschaftsweise bestimmt hatte, brachten sie den wirthschaftlichen Egoismus, das Streben, mit dem geringstmöglichen Aufwand möglichst viel zu erwerben, rücksichtslos zur Geltung. Solche Leute konnten damals gar nicht auf den Gedanken verfallen, das eingehegte Land zum Getreidebau zu verwenden.

Und so finden wir denn auch, dass die Grafschaften, in denen uns von Einhegungen nicht zu Zwecken der Weidewirthschaft sondern zur Durchführung besserer Kulturen erzählt wird, wieder die südöstlichen[2] sind, in denen die Lage zum Londoner Markt und die Möglichkeit einer Verschiffung ins Ausland eine lohnende Absatzmöglichkeit gab. Es sind dies am frühesten Suffolk, Essex und Kent. Auch erlangte in diesen nächst London gelegenen Grafschaften mit Rücksicht auf den

---

merchandise, and not in the purchasing of lands; and that craftsmen, also, shall continually use their crafts in cities and towns, and not leave the same and take farms in the country; and that no merchant shall hereafter purchase above 40 L lands by the year.» (Froude, History of England vol. I. London 1872 p. 36.) Man vergleiche damit die Klagen und Wünsche in der Ballade Vox Populi, Vox Dei von 1547-1548, § 4 bes. Zeilen 320 ff. (Ballads from Manuscripts printed for the Ballad society. vol. I part. I p. 133.)

[1] Vgl. die Klagen in Russell, Kett's Rebellion in Norfolk, London 1859 p. 4 Anmerk. 2. Es heisst da, im Gegensatz zu den dermaligen Besitzern der Klostergüter von den Mönchen: «They never raised any Rent, or took any Incomes or Garsomes (i. e Fines) of their Tenants; nor ever took in or improved any Comons; altho 'the most Part and the greatest wast grounds belonged to their Possessions.»

[2] Vgl. Tusser (1577), Five Hundred Pointes of Good Husbandrie, edit. by W. Payne and Sidney J. Herrtage. Published for the English Dialect Society, London 1878. Es heisst da p. 41: «All these doth «enclosures bring, | Experience teacheth no less; | I speak not to «boast of the thing, | But only a truth to express. | Example, if «doubt ye do make, | By Suffolk and Essex go take.»

Absatz in die Stadt der Obstbau früh eine ausgezeichnete Pflege.[1]

An die vorgehende Darstellung des damaligen Zustandes der landwirthschaftlichen Interessen dürften einige Worte über die damalige Lage des englischen Bergbau's passender Weise sich anreihen. Aus der Berufsstatistik von King, wie sie oben wiedergegeben ist, geht nichts hervor über die Zahl der damals im englischen Bergbau, sei es als Eigenthümer, sei es als Arbeiter, interessirten Personen. Indess geht sowohl aus Davenant, als auch aus Macaulay hervor, dass der englische Bergbau damals noch relativ unentwickelt war. «Unsere Bergwerke», schreibt Davenant[2] 1699, sind ohne Zweifel grosser Verbesserung fähig; wir sollten sie schätzen als den Ursprung unseres ganzen Handels, als das, was uns den ersten Kaufleuten der Welt, den Phöniziern, bekannt gemacht hat. Wir haben Zinn, Blei, Kupfer, Kalamit, Eisen, Steinkohlen, Kulm, Alaun, Schwefelkies und andere Arten von Mineralien; und was in dieser Weise aus der Erde gefördert wird, kann nicht weniger als ungefähr 7-800000 L. im Jahr ausmachen.» Und nach Macaulay[3] betrug die damalige Förderung von Zinn nur 1600 Tonnen; der Kupferbergbau war noch völlig vernachlässigt, obwohl nach Davenant in Cardiganshire damals acht grosse Adern Silber, Blei und Kupfer, dicht neben einander in einem Berge, entdeckt waren; das Salz, heute ein grosser englischer Ausfuhrartikel, wurde damals aus Frankreich eingeführt; an Eisen wurden nicht über 10000 Tonnen hergestellt, und für die Kohle gab es als Absatzmarkt nur erst die Seestädte und vor Allem die Stadt London, wohin damals mindestens die Hälfte der jährlich gewonnenen Menge auf dem Wasser ver-

---

1 Vgl. John Norden's Surueyors Dialogue (1608) in den Publications of the New-Shakspere Society, Series VI 8 p. 188. Es heisst da: «The reason is, because that neere London, and the Thames side, the fruit is vented in kind, and not only to the Fruteres in grosse, but by the country wiues, in the neerest part of Kent, Middlessex, Essex, and Surrey, who utter them in the market as they do all other vendible things else.»

2 Davenant's Works II p. 231.

3 Macaulay, a. a. O. II p. 49 ff.

frachtet wurde.[1] Davenant empfiehlt besonders, die Gesetzgebung möge den Bergwerksbesitzern alle Unterstützung gewähren, welche diese zur Erleichterung ihres Geschäftsbetriebes zu Haus und ihres Absatzes nach Aussen für nöthig erachten, «da ihr Kapital und ihre Arbeit dem Ganzen so sehr zum Besten gereichen; denn was ihre Produkte auf den fremden Märkten bringen, ist reiner Gewinn der Nation.»

Noch weniger als die Bergwerksinteressen sind die Fischereiinteressen am Ende des 17. Jahrhunderts, in England entwickelt; die Häringsfischerei ist noch überwiegend in der Hand der Holländer.[2]

Dagegen finden wir unter den Gewerben Eines in der höchsten Blüthe. Es ist dies keines der Gewerbe, an die wir heute vor Allem denken, wenn von englischem Gewerbefleiss die Rede ist. Die Baumwollindustrie war noch ganz unerheblich; die Eisenindustrie in ihren verschiedenen Zweigen hatte sich kaum über die Bedeutung eines lokalen Gewerbes erhoben; eine Exportindustrie war damals weder die eine noch die andere.[3] Die Industrie, in der damals der Schwerpunkt des englischen Gewerbfleisses lag, und auf welche die damaligen englischen Staatswirthe mit Stolz hinwiesen, war die Tuchmanufaktur.

Die lange herrschende Meinung, als sei Eduard III. der Begründer der englischen Tuchmanufaktur gewesen, hat Schanz[4] neuerdings wieder als irrig dargelegt. Richtig ist nur, dass seitdem Eduard III. die vlämischen Weber nach England berufen, die englische Tuchmanufaktur, wie besonders die Herstellung feiner Tücher in Norfolk, zu grosser Blüthe gelangte. Seit Eduard IV. und den Tudors beginnen dann gesetzgeberische Massregeln zu ihrem Schutze, zuerst noch inkonsequent und nicht von dauerndem Bestand. Indess bald kommen hohe Aus-

---

[1] Vgl. ausser Macaulay die im Einzelnen etwas von ihm abweichenden Mittheilungen von Howes (1631), abgedruckt in den Publications of the New-Shakspere Society, Series VI 5 p. 32*.

[2] Davenant, Works I p. 426.

[3] Vgl. Toynbee, a. a. O. p. 49-51.

[4] Schanz, Englische Handelspolitik. Leipzig 1881 I p. 437-9.

fuhrzölle auf den Rohstoff. «Während zur Zeit Heinrichs VII. und VIII. der Wollzoll bei Stapelkaufleuten ungefähr 33 %, bei Nichtstapelkaufleuten 70 % des Werthes betrug, war der Tuchzoll für Einheimische und Hansen nicht ganz 2 % und für Fremde nicht ganz 8 % des Werthes. Und diese grosse Differenz dauerte fort bis 1557!»[1] Unter Elisabeth wird dann 1565 die Ausfuhr von lebenden Widdern, Lämmern und Schafen bei Strafe der Confiskation des ganzen Vermögens und des Verlustes der linken Hand durch den 8. Eliz. c. 3. verboten. Es wird behauptet,[2] dass damals angeordnet worden sei, dass der Lordkanzler und die Richter im Oberhause auf dem Wollsack zu sitzen hätten, um sie stets an die Durchführung dieses Gesetzes zu erinnern, während ein Schriftsteller[3] von 1613 die Bedeutung des Wollsacks nur darin sieht, dass dem Oberhaus die Wichtigkeit dieses englischen Nationalerzeugnisses stets gegenwärtig sein solle. Jedenfalls ist die Tuchmanufaktur seit den Tudors das Schosskind der englischen Schutzzollpolitik geworden, und je mehr diese ausgebildet wird, desto schärfer werden die Massregeln zu ihrem Schutze. Nachdem dann Sir Walter Ralegh[4] Jakob I. um 1616 mit Rücksicht auf die Tuchmanufaktur auf das Nachdrücklichste darauf verwiesen hatte, welcher Schaden England dadurch erwachse, dass die Produkte des Königsreichs unverarbeitet in's Ausland gingen, erfolgte 1620 eine königliche Verordnung, welche im Interesse der Tuchmanufaktur die Ausfuhr aller zu derselben nöthigen Rohmaterialien verbot und, da diese Verordnung, als solche, 1625 mit dem Tode Jakobs ihre Rechtskraft verlor, wurde sie 1630,

---

[1] Schanz, a. a. O. p. 441.

[2] John Smith, Memoirs of Wool. London 1747 II p. 408.

[3] Smith, Memoirs of Wool I p. 129. Ich erwähne diese Meinungen nicht, weil ich sie für richtig halte, — ist doch der Zusammenhang des Wollsacks mit der parlamentarischen Bewilligung von Zöllen per Sack ausgeführter Wolle viel wahrscheinlicher, — sondern als charakteristisch für die Werthschätzung der Tuchmanufaktur seitens des Publikums des 17. Jahrhunderts.

[4] Siehe The Works of Sir Walter Ralegh Kt. Oxford 1828. vol. VIII p. 368-370.

1632 und 1639 von Karl I. erneuert.[1] Was aber unter Jakob I. und Karl I. nur kraft Verordnung verboten war, wird 1647 unter Cromwell durch das Parlament kraft Gesetzes[2] untersagt; und 1652 wird beschlossen, dass alle Wolleinfuhr nach England zollfrei stattfinden, dagegen auch die Ausfuhr schottischer Wolle verboten werden solle.[3] Da mit der Thronbesteigung Karl's II. alle Gesetze Cromwells nichtig wurden, wurde sofort (1660) das Verbot der Ausfuhr aller zur Tuchmanufaktur dienenden Rohmaterialien durch den 12. Car. II c. 32 auf's Neue eingeschärft. Der Höhepunkt des Schutzes aber wurde erreicht durch die Gesetze von 1666, 1678 und 1680 (18 und 19 Car. II c. 4; 30 Car. II c. 3; 32 Car. II c. 1), welche zu dem erklärten Zwecke der Hebung der Tuchmanufaktur bei Strafe verboten, irgend Jemand in etwas Anderem als Wollentuch oder in einem mit anderem Stoffe als Wollentuch ausgeschlagenen Sarge zu begraben — Gesetze, welche erst 1814 durch den 54 Geo III c. 108 beseitigt wurden!

Abgesehen von den letztgenannten Begräbnissgesetzen folgte die Gesetzgebung bei allen diesen Massnahmen zur Förderung der Tuchmanufaktur aber nicht blos dem Drängen der Interessenten, sondern ebenso dem Verlangen der angesehensten und aufgeklärtesten Schriftsteller der Zeit. Denn Fortrey,[4] Mun,[5] Sir Josiah Child,[6] Davenant[7] u. s. w., sie Alle verlangten die Aufmunterung derjenigen Produktions-

---

[1] Siehe alle diese Verordnungen abgedruckt in Smith's Memoirs of Wool I p. 170-174.

[2] Siehe den Auszug aus dem Gesetze ebendaselbst p. 182.

[3] Ebendaselbst p. 194.

[4] Vgl. den Auszug in Memoirs of Wool I p. 208 ff.

[5] Vgl. den Auszug in Memoirs of Wool I p. 212 ff.

[6] A new discourse of trade (1669), 4. ed. p. 155 ff.

[7] Vgl. Davenant, Works I 88, bes. p. 98-104 u. a. a. O. An der ersteren Stelle schreibt er: «The woollen manufacture is undoubtedly by laws and all possible care, to be encouraged; but it is its exportation abroad, and not» — nach p. 99 eine Beziehung auf das Zwangsbegräbniss in Wolle — «the consumption of it at home, that must bring profit to the Kingdom»

zweige, deren Produkte, zur Ausfuhr geeignet, die Handelsbilanz zu Gunsten von England zu wenden im Stande seien.

So von der Gunst der Gesetzgebung und des Publikums getragen war die Tuchmanufaktur am Ende des 17. Jahrhunderts zu erstaunlicher Blüthe gelangt. Davenant berechnet[1] für 1688 den Werth der jährlich in England geschorenen Wolle auf 2000000 L. Dieser Werth würde durch die Arbeit der Tuchmacher um's Vierfache erhöht, der Werth des jährlich in England producirten Tuches sei also 8000000 L; hiervon würde für 6000000 L. in England verbraucht; 2000000 L. an Tuch wurde jährlich exportirt und zwar seien dies zwei Drittel der gesammten englischen Ausfuhr. Danach hätte also die Tuchmanufaktur, abgesehen von der wirthschaftlichen Bedeutung der Verarbeitung an sich, damals eine gleich grosse Bedeutung für den Landbau wie für den Handel gehabt, und so ist es begreiflich, wenn Sir Josiah Child[2] 1669 seine Erörterung über die Wolle mit dem Satze beginnt: «Dass die Wolle in hervorragendem Masse die Grundlage des englischen Reichthums ist, hat, soweit ich gehört habe, noch Niemand geleugnet.» Denn wenn man von der oben mitgetheilten Schätzung des damaligen englischen Reichthums durch King ausgeht, zeigt sich, dass der Werth der Wolle sammt der Arbeit, die ihr in der Tuchfabrikation zugesetzt wurde, ungefähr $^{1}/_{5}$ des englischen Nationaleinkommens, die Landrente (siehe oben S. 18, 19) dagegen $^{1}/_{4}$ desselben betrug, die Rohwolle aber allerdings $^{1}/_{5}$ dessen ausmachte was die Grundbesitzer an Landrente erhielten.

Die Tuchmanufaktur hatte ihren Sitz hauptsächlich in drei Distrikten.[3]

Der eine dieser Distrikte verdankte seine Blüthe der wiederholten Ansiedlung vlämischer Weber. Der Hauptsitz der Tuchmanufaktur war daselbst Norwich, daneben kam, aber in

---

1 Davenant's Works II p. 146, 147.

2 Sir Josiah Child, a. a. O. p. 155.

3 Vgl. Toynbee, a. a. O. p. 47. — Ueber die Tuchfabrikation in Canterbury, Maidstone, Sandwich und Southampton, für die Toynbee auf Defoe sich beruft, habe ich bei Defoe keine Nachrichten gefunden.

viel geringerem Masse, Colchester in Betracht. Und deutlich zeigt sich die Bedeutung der Tuchmanufaktur für diese Orte. So betrug die Bevölkerung des Hauptsitzes der Tuchmanufaktur 1377 zur Zeit Eduards III. nach den Angaben der Steuererheber 3952 Laien über 14 Jahren, nach Chalmer's Schätzung danach 5928 Personen.[1] Nach Macaulay[2] betrug 1685 seine Bevölkerung 28000—29000 Seelen und Defoe[3] (1725) berichtet von 120000 Personen, welche in den Tuch- und Seidefabriken von Norwich beschäftigt seien. «Nicht dass all' das Volk in der Stadt wohnte, wenn auch Norwich sehr gross und volkreich ist.» Sie wohnten vielmehr in Dörfern und spannen das dort verarbeitete Wollengarn.

Der zweite dieser Distrikte umfasste[4] in Somersetshire: Frome, Pensford, Philips-Norton, Bruton, Shepton-Mallet, Castle-Carey und Wincaunton; in Wiltshire: Malmsbury, Castlecomb, Chippenham, Caln, Devizes, Bradford, Trowbridge, Westbury, Warminster und Mere; in Dorsetshire: Gillingham, Shaftesbury, Bemister, Bere, Sturminster und Shireborn; in Gloucestershire: Cirencester, Tetbury, Marshfield, Mincing-Hampton und Fairford. «Zwischen diesen Städten, weit entfernt wie sie — Bradford und Trowbridge ausgenommen — von einander lagen, war eine sehr grosse Zahl von Dörfern, Weilern und vereinzelt stehenden Häusern zerstreut; hier wurde durch das arme Volk das zur Tuchfabrikation nöthige Spinnen der Wolle vorgenommen; die Meister-Tuchmacher, welche im Allgemeinen in den grösseren Städten wohnen, senden ihnen wöchentlich die Wolle ins Haus und lassen gleichzeitig die gesponnene Wolle abholen, die dann für den Webstuhl zugerichtet wird.» London war der Markt für die fertigen Tücher.

Der dritte Distrikt war der West-Riding von Yorkshire mit Halifax und Leeds als Mittelpunkte. Hier wurden grobe

---

[1] Chalmers, Estimate of the Comparative Strenght of Great-Britain. 3. ed. London 1802 p. 17.

[2] Macaulay, a. a. O. II p. 75.

[3] Defoe, a. a. O. I p. 49.

[4] Siehe Defoe, a. a. O. II p. 30.

Tücher gefertigt. Nach einer Angabe bei Toynbee[1] hatte die Fabrikation hier zu Beginn des 16. Jahrhunderts ihren Anfang genommen, und 1574 hatte der Distrikt 56 000 Stück breites und 72 000 Stück schmales Tuch fabricirt. Defoe[2] schildert — allerdings erst im 18. Jahrhundert — die Gegend als «ein fortlaufendes Dorf, obwohl der Weg bergauf und bergab geht; kaum ein Haus steht weiter als Sprechweite vom andern; und als der Tag anbrach, sahen wir an jedem Hause ein Gestell und fast auf jedem Gestell ein Stück Tuch, Kersey oder Rasch, welches die drei Produkte der Arbeit dieser Gegend sind. Der Reisende wird durch die Mannigfaltigkeit, welche diese zum Theil farbigen Tücher in die öde Gegend bringen, in der alle Einzäumungen Steinmauern sind, angenehm berührt.

«In Verfolgung unseres Weges durch die Häuser fanden wir an jedem Hause ein kleines fliessendes Wasser; stand das Haus über der Strasse, so kam das Wasser von ihm und floss über die Strasse zu einem anderen, stand das Haus unterhalb der Strasse, so kam es uns von einem in einiger Entfernung oberhalb derselben stehenden Hause entgegen; und in jedem grösseren Hause war eine Werkstätte. Da diese nicht ohne Wasser betrieben werden konnte, waren diese kleinen Ströme so vertheilt und durch Rinnen und Röhren geleitet, dass keines der Häuser des für es unentbehrlichen Bächleins entbehrte.

«Ferner, da die Färbereien, die Waschhäuser und Häuser, in denen dieses Wasser gebraucht wird, dasselbe durch die Stoffe des Färbebottichs gefärbt und durch das Oel, die Seife, den Talg und andere von den Tuchmachern beim Scheeren und Walken des Tuchs gebrauchten Bestandtheile verunreinigt wieder von sich geben, wird das Land, durch welches es fliesst und das sonst äusserst unfruchtbar wäre, in einem alle Erwartung übersteigenden Masse bereichert.

«Sodann, ebenso wie jeder Tuchmacher nothwendig mindestens ein Pferd halten muss, um die Wolle und seine Lebensmittel vom Markte nach seinem Hause zu bringen, um sein

---

[1] Toynbee, a. a. O. p. 48.

[2] Defoe, a. a. O. III p. 154-6.

Garn zu der Spinnerei, sein Produkt nach der Walkmühle, und, wenn fertig, zum Markt zum Verkauf zu führen, so hält ganz allgemein ein Jeder eine Kuh oder zwei für seine Familie. Auf diese Weise werden die kleinen eingehegten Grundstücke um jedes Haus bestellt; und abgesehen davon, dass sie so Zufuhr an Pflanzennahrung erhalten, werden sie durch den Dünger des Viehs weiter verbessert. Jeder Weber baut Kartoffeln, welche nicht nur das Hauptnahrungsmittel seiner Familie bilden, sondern ihm auch nach seiner sitzenden Thätigkeit im Hause zur Abwechslung eine angenehme Beschäftigung in freier Luft gewähren. Was Korn angeht, so säen sie davon kaum soviel als nöthig ist, um ihre Hühner zu füttern.»

Nachdem Defoe hierauf den Reichthum der Gegend auch an Kohlen gepriesen, fährt er fort: «So scheint dieses Land von der Vorsehung eben für die Zwecke, denen es jetzt dient, vorherbestimmt, d. h. zum Betrieb einer Industrie, welche mit den dazu nöthigen Erfordernissen nirgends so leicht versehen werden kann. Auch bleibt der Fleiss der Bevölkerung hinter diesen natürlichen Vorzügen in keiner Weise zurück. Vor der Thüre begegneten wir Wenigen; aber das Innere der Häuser sahen wir voll von munteren Burschen, einige am Färbebottich, andere am Webstuhl, andere mit dem Scheeren des Tuchs beschäftigt; die Weiber und Kinder die Wolle kämmend oder spinnend; alle in Thätigkeit, vom Jüngsten bis zum Aeltesten; kaum ein kleines Ding über vier Jahre alt, dass nicht seine Hände zu seinem Unterhalt ausreichen. Nirgends ein Bettler, nirgends ein Faullenzer, ausser hie und da in einem Spital, das für die, welche alt und über die Jahre der Arbeit hinaus sind, erbaut ist. Die Bevölkerung im Ganzen ist langlebig, erfreut sich guten Aussehens, und unter ihren Verhältnissen ist harte Arbeit naturgemäss von dem Segen der Gesundheit, wenn nicht des Reichthums begleitet.»

In dieser Schilderung wird ausdrücklich hervorgehoben, dass die Tuchmacher, wenn sie auch gleichzeitig Landwirthschaft betreiben, doch ihr Getreide nicht selbst bauen. Wenige Seiten später sagt Defoe[1] ausdrücklich, dass sie ihr Getreide aus

[1] a. a. O. p. 159.

Lincolnshire, Nottinghamshire und dem Ost-Riding beziehen. Desgleichen berichtet er [1] von den Webern des zweiten Distriktes, dass sie ihr Getreide von den umwohnenden Pächtern kaufen. Wenn auch bezüglich der Weber des ersten Distrikts keine gleichlautenden Nachrichten vorliegen, so kann doch für die entwickeltere Gegend von Norfolk und Essex das Gleiche mit Sicherheit angenommen werden.

Zu bemerken ist noch, bevor wir von diesem wichtigsten Zweige der damaligen englischen Industrie scheiden, dass schon frühe Nachrichten diese Tuchmacher als eine besonders unruhige Bevölkerungsklasse schildern. So heisst es bereits in W. Stafford's Dialog [2] von 1581: «Alle Aufstände und Unruhen nehmen zum grössten Theil ihren Ursprung bei diesen Tuchmachern; denn wenn die Tuchmacher des Absatzes über das Meer entbehren, ist ein grosser Theil derselben ohne Arbeit; und wenn sie arbeitlos sind, versammeln sie sich in Vereinen und klagen wegen fehlenden Lebensunterhalts und fangen so den einen oder anderen Streit an, um ihre armen Arbeiter, die ebensowenig Arbeit wie sie haben, zu einem Aufstand zu bringen.»

Neben die Landwirthschaft und die Tuchfabrikation stellten sich am Ausgang des 17. Jahrhunderts als dritter grosser Zweig der englischen Volkswirthschaft Handel und Schiffahrt. Nachdem die Tudors und vor Allem Elisabeth die Engländer von der Handelsherrschaft der Hanse und Cromwell sie von der der Holländer befreit hatten, begannen die Vortheile der energischen Massregeln dieser grossen Herrscher nunmehr dem englischen Volke voll zu Theil zu werden. Ganz im Gegensatz zu den Parteischriftstellern der Zeit, welche aus Hass gegen die Stuarts die englische Volkswirthschaft des dritten Viertels des 17. Jahrhunderts als in vollem Verfall begriffen darstellen, stimmen die vornehmsten ökonomischen Schriftsteller der Zeit: Child,[3] Petty[4]

---

[1] Defoe, a. a. O. II p. 32.

[2] Publications of the New-Shakspere Society, Series VI Nr. 3 p. 68, 69.

[3] Child's Discourse of Trade. 4. ed. Preface p. XXXVI ff.

[4] Petty's Political Arithmetick. London 1691 p. 96 ff.

und Davenant[1] überein, dass der Handel und Reichthum von England in keinem früheren Zeitalter jemals so rasch zugenommen habe, als in der geschäftigen Periode von 1660-1688.[2]

Einen guten Anhaltspunkt für die fortschreitende Entwicklung der englischen Schifffahrt geben die den Erbauern von Schiffen von gewissem Umfange gewährten Prämien. Elisabeth fing damit an, den Erbauern von Schiffen, die 100 Tonnen trugen, Prämien zu geben. Jakob I. gab für denselben Zweck grosse Summen aus. Karl I. aber gab eine Prämie erst für jedes Schiff von 200 Tonnen. Unter der grossen Königin wurde also ein Schiff von 100 Tonnen als ausreichend für die Zwecke eines noch unbeträchtlichen Handels erachtet. Unter Karl I. gab man sich mit einem so geringen Umfang der Schiffe nicht mehr zufrieden.[3]

Aber weit wirksamer als Alles dies war dann die berühmte Navigationsakte Cromwells von 1651. Und wie rasch war ihr Erfolg! Nach Davenant[4] betrug der Tonnengehalt der Kauffahrteischiffe i. J. 1688 fast doppelt so viel als i. J. 1666. Und nach Chalmers betrug im Jahre 1688 bereits die Tonnenzahl der Schiffe, welche aus englischen Häfen ausliefen:[5]

Englische Schiffe.	Fremde Schiffe.	Summe.	Werth der Ladungen.
Tonnenzahl.	Tonnenzahl.		L.
190 533	95 267	285 000	4 086 087

Die Tonnenzahl der zum englischen Handel verwendeten Schiffe betrug also zwei Drittel aller, d. h. das Doppelte der diesem Handel dienenden fremden Schiffe. Dementsprechend

1 Davenant, Works I p. 370 ff.
2 Vgl. auch Chalmers, a. a. O. p. 47 ff. Lecky I p. 207 ff.
3 Vgl. Chalmers, a. a. O. p. 42.
4 Davenant, Works I p. 363.
5 Chalmers p. 68.

finden wir auch die Zollerträgnisse[1] bei gleichbleibendem Zollsatz von 1660-1688 von einem stetigen Wachsthum. Sie stiegen von 421 582 L. 7 s. 11 d. im Jahre 1660 auf 884 995 L. 3 ¼ d. im Jahre 1687 und 781 987 L. 2 s. 9 ½ d. im Jahre 1688.

Wollen wir uns aber ein Bild davon machen, wie die Zeitgenossen sich den Vortheil berechneten, der England aus diesem Handel mit dem Ausland erwuchs, so müssen wir wieder auf King's Schätzungen zurückgreifen. Dabei möge zur Würdigung der Zuverlässigkeit dieser Schätzungen die Bemerkung dienen, dass der oben angegebene Werth der ausgeführten Ladungen von 4 086 087 L. von Chalmers den Dokumenten des Zollamts entnommen ist, während King den Werth dieser Ausfuhr auf 4 310 000 L. schätzt. Man sieht, die Schätzung hat nicht allzuviel fehlgegriffen. Folgendes ist die Berechnung von King:

Uebersicht über den auswärtigen Handel Englands und den dadurch erwachsenden nationalen Gewinn, berechnet für das Jahr 1688.

Ausfuhr.	Werth in England.	Werth im Ausland.	Zur Verechnung für die Handelsbilanz.		Gewinn durch die Ausfuhr.	
Durch:	L.	L.	Werth:	L.	Für:	L.
Engländer, .	3 310 000	4 120 000	im Ausland .	4 120 000	England, . .	810 000
Fremde. . .	1 000 000	1 250 000	in England .	1 000 000	Fremde. . .	250 000
	4 310 000	5 370 000		5 120 000		1 060 000
Einfuhr.						
Durch:			Werth:		Für:	
Engländer, .	5 570 000	2 870 000	im Ausland .	2 870 000	England, . .	2 700 000
Fremde. . .	1 550 000	1 150 000	in England .	1 550 000	Fremde. . .	400 000
Summe der:			Summe der:		Summe der:	
Einfuhr, . .	7 120 000	4 020 000	Einfuhr, . .	4 420 000	Einfuhr, . .	3 100 000
Ausfuhr. . .	4 310 000	5 370 000	Ausfuhr . .	5 120 000	Ausfuhr. . .	1 060 000
Im Ganzen .	11 430 000	9 390 000	Werth v. Aus- u. Einfuhr. .	9 540 000		4 160 000

Somit beträgt der Werth des von Engländer Ausgeführten im Ausland	4 120 000	Werth im Ausland.
und der Werth der von Engländern Eingeführten im Ausland.	2 870 000	Im Ganzen: 6 990 000
Somit in der Handelsbilanz als Gewinn der Engländer durch eigenen Handel zu verrechnen.	1 250 000	
Ferner beträgt der Werth des von Fremden Eingeführten in England	1 550 000	Werth in England.
und der Werth des von Fremden Ausgeführten in England	1 000 000	Im Ganzen: 2 550 000
Somit in der Handelsbilanz als Verlust Englands durch den Handel der Fremden zu verrechnen	550 000	Werth von Aus- u. Einfuhr 9 540 000

[1] Ebendaselbst p. 49.

King zieht hieraus die folgenden Schlüsse:

1. Da der Gewinn der Engländer in der Handelsbilanz durch eigenen Handel beträgt	1 250 000
und der Verlust derselben durch den Handel des Fremden	550 000
beträgt der ungefähre Zuwachs an Geld und Geldeswerth durch die Handelsbilanz im Ganzen für 1688	700 000
2. Da der Gewinn des Fremden durch Fracht oder Wertherhöhung der aus England ausgeführten Waaren beträgt	250 000
da ferner ihr Gewinn durch Fracht oder Wertherhöhung der von ihnen nach England eingeführten Waaren	400 000
da endlich der Mehrwerth der von ihnen nach ihren Ländern eingeführten Waaren über ihre eigene Ausfuhr, unter Zugrundelegung des Werths derselben in ihren eigenen Ländern beträgt . .	100 000
so beträgt der Vortheil der Fremden, die mit England in eigenen Schiffen Handel treiben ungefähr	750 000

Im Ganzen folgert er:

1. Dass der Gesammtzuwachs Englands an Geld und Geldeswerth und von Waaren über den Werth der englischen Gesammtausfuhr im Jahre 1688 betrug	2 810 000
der Gewinn, den die Fremden im Handel mit England durch eigene Schiffe machten, betrug .	750 000
somit der Aus- und Einfuhrhandel von England 1688 den Engländern und Fremden zusammen einen Gewinn brachte von	3 560 000
2. Dass der nationale Gewinn Englands durch Aus- und Einfuhrhandel damals mindestens betrug .	1 700 000
dass davon fällt auf einen Zuwachs von Geld oder entsprechendem Geldeswerth	700 000

auf Waaren, angesammelt oder zur Vergrösserung des Nationalkapitals verwendet, abgesehen von dem, was die Engländer selbst verzehrten . .	1 000 000[1]

Fragen wir weiter, wie sich dieser durch den Handel erzielte Gewinn Englands unter die einzelnen Haupt-Handelszweige vertheilte, so müssen wir uns an Davenant wenden. Dieser berechnet den Gesammtbetrag desselben indess um 300 000 L. höher als King. Er schreibt:[2]

«Ich habe viele zwingende Gründe für die Annahme, dass von ungefähr 1656 bis 1688 England in jedem Jahre Schritt für Schritt an Reichthum zugenommen hat, in welchem Massstabe ist unnöthig hier zu veröffentlichen; aber nach reiflicher Ueberlegung kann ich mit Sicherheit behaupten, dass um das Jahr 1688 die Zunahme Englands an Reichthum und Kapitalwerths in Folge seines Aussenhandels und seines heimischen Gewerbefleisses mindestens zwei Millionen jährlich betrug.

«Und nachdem ich viel über diesen Gegenstand nachgedacht und studiert und Andere, die in gleichen Untersuchungen bewandert sind, um Rath gefragt habe, bin ich der Meinung, dass die Zunahme Englands an Kapitalwerth wahrscheinlich aus dem Handel mit folgenden drei Artikeln erwuchs:

«Aus der Versendung von heimischen Industrie- und Landwirthschaftsprodukten in die Pflanzungskolonien und der Rückfracht von dort, die in andere Länder ausgeführt wird	L. 900 000
«Aus der Ausfuhr der Produkte der englischen Tuchmanufaktur, von Blei, Zinn, Leder und anderen heimischen Produkten nach Frankreich, Spanien, Italien, Deutschland u. s. w. .	500 000
«Reingewinn aus dem Handel mit Ostindien	600 000
in Summa:	L. 2 000 000»

Der Hauptsitz dieses Handels war London.

Nach der mitgetheilten Berechnung Kings kommen von den 5 500 000 Bewohnern von England und Wales allein

---

[1] Siehe King's Berechnung abgedruckt bei Davenant II, p. 270-2.

[2] Davenant's Works I p. 93, 94.

530 000 auf London. Es hatte in der Welt nur einen Nebenbuhler im Handel, das reiche und mächtige Amsterdam. Die Themse von London-Bridge bis zum Tower war ein Wald von Masten und Segelstangen. Nach einer Angabe bei Macaulay [1] belief sich der Betrag der im Jahre 1685 erhobenen Zölle auf circa 330 000 L.; der Gesammtertrag der in allen englischen Häfen erhobenen Zölle war nach einer Tabelle bei Chalmers [2] in diesem Jahre 701 504 L. 3 s. 4 d.; der Londoner Handel brachte also ungefähr so viel wie der Handel des gesammten übrigen Reiches.

Aber auch von den übrigen Städten, die bereits im Mittelalter eine Rolle gespielt hatten, stehen einige noch im Vordergrund, so vor allen Bristol, noch immer die zweite Stadt des Reichs. Durch die ausserordentlichen Privilegien in der Ausbeutung Irlands, welche Heinrich II. 1172 der Stadt verliehen [3] hatte, war sie im Handel mit Irland aufgeblüht. Eduard III. hatte 1362 einen Wollstapel hierher verlegt. Und als die Entdeckungen in der neuen Welt kamen, waren die Kaufleute von Bristol besonders bereit, sie durch Handel nutzbar zu machen. So war Bristol nicht nur die zweitgrösste Handelsstadt von England geworden, sondern ihr Handel war auch weit unabhängiger von dem Londoner als der irgend einer anderen englischen Stadt. Noch Defoe [4] schreibt: « Soviel die Kaufleute von Bristol ausführen, sie vermögen, den ganzen Betrag der Rückfracht nach ihrem eigenen Hafen zurückzubringen und hier denselben zu verkaufen, und so gross ihr Handel nach auswärts ist, sie haben für die zurückgebrachten Waaren stets die aus-

---

[1] Macaulay, a. a. O. II p. 88.

[2] Chalmers, a. a. O. p. 49.

[3] Sciatis me dedisse et concessisse et praesenti charta mea confirmasse hominibus meis de Bristow civitatem meam de Divelin ad inhabitandum. Quare volo et firmiter praecipio, ut ipsi eam inhabitent et teneant illam de me et de haeredibus meis bene et in pace, libere et quiete, integre et plenarie et honorifice cum omnibus libertatibus et liberis consuetudinibus, quas homines de Bristow habent apud Bristow et per totam terram meam. — Seyer, The Charters and Letters Patent of Bristol. Bristol 1812 p. 3.

[4] Defoe, a. a. O. II p. 236.

reichende Zahl von Abnehmern zu Haus. Die Ladenhalter von Bristol sind meist Grosshändler, welche Frachtführer nach allen den hauptsächlichen Städten zwischen Southampton bis zum Ufer des Trent unterhalten; auf dem Meere aber und den Flüssen Wye und Severn haben sie den ganzen Handel von Südwales und einem Theil von Nordwales für sich allein. Ihr Handel mit Irland nahm seit 1688 noch zu; sie führen Talg, Leinen und Wollengarn von dort ein. Ihr Handel nach Westindien, zu dessen ersten Entdeckern und Ausbeutern sie gehören, ist sehr beträchtlich, ebenso ihr Handel nach Guinea. Ihre Schiffe nach Westindien segeln flottenweise. Sie treiben Handel mit Holland, Hamburg, Norwegen, der Ostsee und Russland. Ihre Schiffe gehen nach Neufundland und nach dem Mittelmeer; sie importiren grosse Mengen von Früchten, Wein und Oel.»

Dagegen war der Hafen, der heute der grösste von England nach London ist, Liverpool damals noch nicht hervorgetreten; denn Lancashire war noch nicht durch die Baumwolle zum ersten Industriebezirk der Welt gemacht worden; Liverpool[1] zählte erst 4000 Einwohner. Andererseits finden wir den Handel von Newcastle[2] seit der Königin Elisabeth bis zum Ende des 17. Jahrhunderts vervierfacht nicht nur in Folge der grossen Verfrachtung von Steinkohlen — damals, weil sie zur See herbeigeführt wurden, Seekohlen genannt — nach London, sondern auch in Folge der Ausfuhr der mittelst dieser Kohlen hergestellten Produkte: Glas und Salz. Ueber Hull's grosse Bedeutung wurde schon oben gesprochen. Aber nicht weniger ist der alte berühmte Hafen von Norfolk, Yarmouth[3] zu vergessen, von dem aus die Produkte der Grafschaft nach Italien, Spanien, Portugal und vor Allem nach Holland ausgeführt wurden, — bis zum Ende des 17. Jahrhunderts allerdings nur erst die Produkte der Norfolker Wollenindustrie; nach der Einführung der Kornausfuhrprämie dagegen übertraf die Ausfuhr von Korn

[1] Macaulay, a. a. O. II p. 82.
[2] Defoe, a. a. O. III p. 235 ff.
[3] Defoe, a. a. O. I p. 54, 55.

und Malz aus dem Hafen von Yarmouth die aus jedem anderen englischen Hafen, den von London nicht ausgenommen. Auch Ipswich,[1] der Haupthafen von Suffolk, obwohl gegen früher herabgekommen und besonders in der Verfrachtung von Kohlen von Newcastle nach London sehr hinter Yarmouth zurückgetreten, hatte immer noch einen ansehnlichen Handel. Von den südlichen Häfen war der Haupthafen des Mittelalters für den Verkehr nach Frankreich und dem Mittelmeer nächst London, Southampton,[2] seit dem Beginn des 17. Jahrhunderts zurückgegangen. Sein Haupthandel bestand nunmehr mit Portugal und den englischen Kanalinseln.

So gross aber der Aufschwung war, den England in allen Zweigen seiner Volkswirthschaft seit Eduard IV. den Tudors und insbesondere seit Cromwell gemacht hatte, immer noch stand es an Reichthum und Macht nicht nur hinter Holland, sondern auch hinter Frankreich zurück. Seit der Beendigung des englisch-französischen Krieges in der Mitte des 15. Jahrhunderts hatte dieses Land einen stetigen, seit Colbert hatte es einen Riesenfortschritt gemacht. Die Franzosen galten damals als reicher, als arbeitsamer, als bewanderter in der Technik des Gewerbfleisses und in der Kenntniss des Handels als die Engländer.[3] In der Sorge der Engländer wegen der auf eine Universalmonarchie gerichteten Bestrebungen Ludwigs XIV. steht daher das Streben, das wirthschaftliche Uebergewicht Frankreichs zu brechen, obenan. Es tritt hervor in den Parlamentsdebatten, wie in den politisch-ökonomischen Schriften der Zeit. Es ist dies der Faden, der durch die ganze politische Arithmetik des Sir William Petty sich hinzieht, und der in allen Schriften von Davenant sich wieder findet. Es ist der Grundgedanke der gesammten äusseren und inneren Politik Wilhelms III. Doch fehlt es daneben im Parlament wie in der Litteratur keineswegs an Beweisen der fortdauernden Eifersucht gegen das kleinere Holland; indess wird es von den ökono-

---

[1] Defoe I p. 26.
[2] Defoe I p. 191.
[3] Vgl. Chalmers, a. a. O. p. 61.

mischen Schriftstellern, den Engländern weniger als Feind, denn hauptsächlich als Muster hingestellt.[1]

Bei solchem Sachverhalt ist es von Interesse, die Schätzungen der Zeitgenossen bezüglich des relativen Wohlstands und Machtverhältnisses der genannten drei Länder, die um das wirthschaftliche und politische Uebergewicht damals stritten, kennen zu lernen. Davenant[2] berechnet für das Jahr 1688:

	für		
	England.	Frankreich.	Holland.
	L.	L.	L.
Das Volkseinkommen als	44 000 000	84 000 000	17 500 000
» Staatseinkommen als	3 355 472	13 500 000	4 750 000

Die gleichzeitige Volkszahl wird angegeben:

	für		
	England.[3]	Frankreich.[4]	Holland[5]
	Seelen.	Seelen.	Seelen.
als	5 500 000	13 500 000	2 200 000

Dabei wird dann stark betont, dass in Frankreich nur die Regierenden reich seien, während $^{25}/_{26}$ der Bevölkerung durch Steuern überbürdet, in tiefstem Elend seien;[6] dass die Steuern in England in Kriegszeiten wenig mehr auf den Kopf der Bevölkerung ausmachten als in Frankreich im Frieden zur Bestreitung der Regierungskosten nöthig sei,[7] dass aber je

---

1 Vgl. Petty's Polit. Arithmetick durchweg, z. B. gleich das erste Kapitel; ferner Davenant wiederholt z. B. Works I p. 273; aber auch schon Sir Walter Ralegh, siehe Works VIII p. 335.

2 Davenant, Works I p. 232 ff., bes p. 250; vgl. auch p. 409.

3 Nach Gregory King, siehe die oben p. 11 abgedruckten Tabellen.

4 Sir Will. Petty, Polit. Arithmetick p. 75 nach einem Buche, L'Etat de la France.

5 Davenant, Works I p. 409.

6 Ebendaselbst p. 252.

7 Ebendaselbst p. 253.

weniger aus dem Jahreseinkommen der Nation für die Regierung verausgabt werde, desto grösser die Anhäufung von Kapital, desto rascher das Fortschreiten der Nation zu Reichthum und damit des Staates zur Macht.[1] «Denn das Kriegführen hat sich völlig verändert seit der Zeit unserer Vorfahren, da durch eine rasche Expedition und kräftige Schlacht der Streit durch Muth erledigt wurde; heute ist die ganze Kriegskunst gewissermassen auf eine Geldfrage reducirt: der Fürst, der am leichtesten Geld findet, um seine Truppen zu nähren, zu kleiden und zu bezahlen, nicht wer die tapfersten Soldaten hat, ist des Erfolges und des Sieges am sichersten.»[2]

Der Ueberblick über die wirthschaftliche Lage Englands im Jahre 1688 sowie ganz besonders die oben wiedergegebene Berufsstatistik von King haben uns gleichzeitig eine Uebersicht über die sociale Schichtung des damaligen Englands gegeben. Für die Zwecke unserer weiteren Betrachtung handelt es sich nunmehr, das festzustellen, was sich daraus über das Interesse, welches die einzelnen Klassen an der Höhe der Getreidepreise, an Getreide-Ein- und Ausfuhr haben, ergibt, und welches der Einfluss ist, der diesen Klassen auf die Gesetzgebung zusteht.

Wir haben 356 586 Familien mit zusammen 1 935 520 Personen als das «Landinteresse» kennen gelernt. Von diesen haben nur diejenigen an hohen Getreidepreisen Interesse, welche sei es Renten von verpachtetem Boden beziehen, sei es Renten für gepachteten Boden zu zahlen haben, also 26 586 Familien von Grundbesitzern und Renten und Zehnten beziehenden Geistlichen mit 205 520 Personen und 150 000 Pächterfamilien mit 750 000 Personen.

Auch diese 176 586 Familien sind um das Jahr 1688 keineswegs alle in gleichem Masse und gleich unmittelbar an hohen Getreidepreisen interessirt. Denn gegen 12 Millionen Acres Grasland, das der Viehzucht dient, stehen nur 8 Millionen Acres Kornland, und die Rente des letzteren beträgt nur 2 200 000 L.

---

1 Ebendaselbst passim z. B. p. 256.

2 Ebendaselbst p. 16.

gegen 5 200 000 L. vom Grasland. Allein noch sind die Wege schlecht und nur der am Flusse oder an der See wohnende Grundbesitzer kann für den Verkauf in die Ferne Getreide bauen. Steigt der Getreidepreis, so lassen sich aber diese Wege verbessern. Noch gibt es 15—16 Millionen Acres, die als Wald, Weide oder Heide benutzt, zusammen nur 1 820 000 L. Rente abwerfen. Steigt der Getreidepreis, so lassen sie sich urbar machen; sie werden dem Pflug unterworfen. Noch ist das landwirthschaftliche Betriebssystem ein äusserst extensives; der Uebergang zu einem intensiveren System hat aber das Steigen des Getreidepreises zur Voraussetzung. Es ist also noch eine grosse Ausdehnung des Getreidebaus möglich; jede Ausdehnung desselben führt zu einer Erhöhung der Rentenbezüge; aber jede hat einen höheren Getreidepreis zur Voraussetzung. Und dazu ommt noch, dass ein Sinken des Getreidepreises häufig zu bedeutenden Ausfällen an Renten führt, indem die Pächter dann ausser Stande sind, zu zahlen.

Die Erhöhung der Renteneinnahmen in Folge der vermehrten Urbarmachung sowie die grössere Sicherheit der Rentenbezüge scheinen die Hauptvortheile gewesen zu sein, welche das Grundeigenthum von einer Erhöhung der Getreidepreise bis dahin gehabt hatte. Denn Maine[1] hat ausgeführt, dass das Streben aus der Verpachtung des Bodens die grösstmögliche zu erzielende Rente zu ziehen, auch in England ganz modernen Ursprungs sei. Die Rente, welche die Hintersassen dem Grundherrn bezahlten, sei eine durch das Herkommen bestimmte Rente gewesen, keine Rente, wie sie durch die Konkurrenz mit Rücksicht auf den grössten zu erzielenden Ertrag festgesetzt wird. Wo Spuren des alten feudalen Zusammenhangs, wenigstens in den persönlichen Beziehungen zwischen Grundherr und Pächter, noch vorhanden seien, sei die Grundrente, auch in England und Schottland, sogar heute noch keine Rente der letzteren Art. Andererseits hören wir seit dem Beginn des 16. Jahrhunderts widerholt von beträchtlichen Erhöhungen der Grundrente und von deren Sinken. Aber meist

---

[1] Maine, Village Communities. 3. ed. London 1876 p. 186-199.

treten diese Nachrichten [1] auf in unmittelbarem Zusammenhang mit den Nachrichten über Einhegungen zur Begründung grosser Weidewirthschaften. Gerade diese aber gingen, wie bereits gezeigt wurde, von Neuerwerbern der Besitzungen aus, sei es von Kaufleuten, welche speculirend ländliches Grundeigenthum erwarben, sei es von den Erwerbern ehemaliger Kirchen- und Klostergüter. Auch gaben bis dahin nur bei der Weidewirthschaft sowohl die steigenden Wollpreise, als auch die Verbesserungen im Betrieb zu solchen Erhöhungen einen Anlass. In dem Ackerbau dagegen hatte es bis dahin sowohl an steigenden Conjunkturen, als auch an Ertragssteigerungen durch Betriebsverbesserungen gefehlt; war doch die Betriebsweise, abgesehen von den südöstichen Grafschaften, wie wir gesehen haben, bis dahin noch die alte. Höchstens dass also hier auch bisher schon in Wirthschaften mit vorwiegendem Getreidebau Rentenerhöhungen stattgefunden hatten.

Hieraus aber geht hervor, dass nicht nur die Grundeigenthümer, sondern auch die 150000 Pächterfamilien mit 750000 Personen von hohen Getreidepreisen erheblichen Vortheil zogen. Denn einmal wurden sie dadurch in Stand gesetzt, regelmässig ihre Renten zu entrichten und damit vor Evictionen geschützt. Sodann zogen sie meist allein den Mehrgewinn in Folge des grösseren Geldertrags ihrer Wirthschaft. Und damit war ihnen auch, sodald die Preise in die Höhe gingen und stetiger wurden, die Möglichkeit von weiteren Ertragssteigerungen durch Meliorationen und Urbarmachungen gegeben.

Diese 150000 Pächterfamilien hatten indess im damaligen England keinerlei politischen Einfluss. Denn das Wahlrecht auf dem Lande war damals an das Grundeigenthum geknüpft. Dagegen hatten die Renten und Zehnten beziehenden 10000 Familien höherer und niederer Geistlicher mit 52000 Personen 1664 das Parlamentswahlrecht erhalten.[2] Nach Macaulay[3] war

---

[1] Vgl. z. B. Thomas Morus Utopia (vom Jahre 1516) das erste Buch; ferner oben p. 22, 23 die Anmerkungen.

[2] Vgl. Gneist, Das englische Verwaltungsrecht, 2. A. Berlin 1867 I p. 599.

[3] Macaulay, a. a. O. II p. 58 ff.

dieser Clerus der eifrigste Anhänger der Tories und von nicht zu verachtender politischer Bedeutung. Weit grösser aber war der Einfluss der übrigen 16586 Grundbesitzerfamilien.

Von diesen bildeten die 160 weltlichen und 26 geistlichen Lords, deren Familien zusammen 6920 Personen umfassten, das Oberhaus. Sie allein also waren einer der drei Faktoren der Gesetzgebung, und ausserdem übten sie durch das Uebergewicht ihres Besitzes und ihre Stellung thatsächlich noch einen weitgehenden Einfluss auf die Zusammensetzung und die Abstimmungen des Unterhauses. Es ist für unsere weitere Betrachtung nicht ohne Wichtigkeit, uns zu erinnern, dass nach Macaulay[1] in dem Kampfe zwischen Parlament und Krone die grosse Mehrzahl derselben als Cavaliere, später als Tories auf Seiten der Stuarts und der Hochkirche standen; nur eine Minderheit, furchtbar allerdings durch den Reichthum und Einfluss der ihr Angehörigen, stand auf Seiten der Rundköpfe, später der Whigs. Erst unter Jakob II. trat hierin eine Aenderung ein. War die puritanische Revolution vorzugsweise demokratisch gewesen, so war die von 1688 vorzugsweise aristokratisch, und von 1688 bis auf Georg III. war es fast immer die Whigpartei, welche im Oberhaus überwog.[2]

Die übrigen 16400 Grundbesitzerfamilien waren die der Baronets, Ritter, Squires und Gentlemen mit zusammen 146000 Personen. Sie bildeten die Gentry. Macaulay[3] schildert uns die Mehrzahl derselben als in ihrer Erziehung wenig von der ihres Hausgesindes verschieden, fast ununterbrochen auf dem Land lebend, ganz aufgehend in der Sorgfalt für ihren Grundbesitz, daneben aber eifrig in der Erfüllung der mit dem Grundeigenthum verbundenen politischen Funktionen des Friedensrichters, des Milizoffiziers, des Sheriffs. In ihren Anschauungen über Religion, Verfassung, fremde Länder und frühere Zeiten lediglich durch Ueberlieferungen, wie sie in ihrem eigenen kleinen Kreise gangbar waren, bestimmt, waren sie,

---

1 Macaulay, a. a. O. I p. 121-129.
2 Vgl. Lecky I p. 184.
3 Macaulay, a. a. O. II p. 52-58. Vgl. auch Lecky I 595 ff.

wie zur Zeit Cromwell's Cavaliere, so seitdem gemeiniglich Tories. Aber wie ergeben sie auch an der erblichen Monarchie hingen, sagt Macaulay,[1] so hatten sie doch keine Parteilichkeit für Höflinge und Minister. Voll Groll sprachen sie über die Undankbarkeit, mit welcher die Stuarts ihre besten Freunde belohnt hatten. Doch dauerte alle diese üble Laune nur, bis der Thron wirklich in Gefahr war. Dann scharten sie sich um ihn wie ein Mann. Nach zwanzigjährigen Murren über die Missregierung Karls II. waren sie in seiner äussersten Bedrängniss, als Staatssekretäre und Schatzlords ihn verlassen hatten, zu seiner Rettung geeilt und hatten ihm zu einem vollständigen Siege über die Opposition verholfen. Sie würden nach Macaulay auch Jakob II. die gleiche Loyalität erwiesen haben, hätte dieser nicht die Institution verletzt, die ihnen noch mehr galt als die erbliche Monarchie: die Kirche von England. Nur zweimal im Laufe des Jahrhunderts hatten sie mit der Gegenpartei sich vereinigt,[2] einmal 1660 zur Wiederherstellung der erblichen Monarchie, das andere Mal 1688 zur Rettung der verfassungsmässigen Freiheit.

Diese 16400 Familien der Gentry wählten zusammen mit den 160000 Familien der Freisassen die 92 Mitglieder, welche die Grafschaften in das Unterhaus sandten. Im Ganzen zählte das Unterhaus 513 Mitglieder,[3] also mehr als viermal soviel Vertreter der Städte und Flecken, als Vertreter ländlicher Wahlkreise.

Indess wäre irrig, den Einfluss des Grossgrundbesitzes im Parlament etwa durch die Ziffer der Vertreter der Grafschaften 92 für gekennzeichnet zu halten. Im Gegentheil! In den Grafschaftswahlen, in denen das selbstbewusste Freisassenthum zur Zeit der Republik den entscheidenden Einfluss geübt hatte, war es in manchen Grafschaften auch nach der Restauration noch massgebend. Dagegen lieferten, wie Gneist[4] bemerkt, gerade

---

[1] a. a. O. p. 57.

[2] Vgl. Macaulay, a. a. O. I p. 124; Gneist, Das englische Verwaltungsrecht I p. 610.

[3] Gneist, Das englische Parlament. Berlin 1886 p. 309.

[4] Ebendaselbst p. 280.

die zahlreichen mit Wahlrecht ausgestatteten Flecken den Whigs unter den Grossgrundbesitzern zahlreiche Mandate. «Der Einfluss des Friedensrichteramts und der Milizverwaltung, mannigfaltiger Verwandtschaft und Kundschaft machte sich hier in weitem Masse geltend, während der Einfluss des Grosskapitals sich nur lokal auf London und eine Anzahl grösserer Städte und Handelsplätze erstreckte.» Wie der Grossgrundbesitz im Oberhaus ausschliesslich vertreten war, so hatte er thatsächlich also auch den grössten Einfluss im Unterhaus.

Betrachten wir nun diejenigen von den 356 586 Familien des «Landinteresses», welche weder Renten bezogen noch Renten bezahlten, die 180 000 Freisassenfamilien mit 980 000 Personen, so finden wir wirthschaftlich wie politisch den direkten Gegensatz zu dem Grossgrundbesitz.

Wirthschaftlich: denn abgesehen von wenigen reichen Bauern in Kent und den südöstlichen Grafschaften, ist die Wirthschaft dieser Freisassen, wie dargelegt wurde, im Wesentlichen eine Naturalwirthschaft. Die Höhe der Getreidepreise, ebenso wie Getreide-Ein- und Ausfuhr, waren also für die Mehrzahl derselben etwas Gleichgültiges.

Politisch schildert sie Macaulay[1] als ein ungemein mannhaftes und biederes Geschlecht, das seine eigenen Felder bebaute, ein mässiges Auskommen genoss und weder auf Wappenschilde und Helmzierden Anspruch machte, noch nach einem Sitz auf der Richterbank strebte. Sie bildeten nächst den Kaufleuten und Krämern in den Städten die Hauptstärke der Opposition. Nach ihrer religiösen Ueberzeugung neigten sie zum Puritanismus und zur Zeit der Republik hielten sie zum Parlament. Sie waren die Rundköpfe, mit denen Cromwell seine Schlachten gewann. Nachdem sie sich 1660 für kurze Zeit mit den Cavalieren zum Zwecke der Wiederherstellung der Monarchie vereinigt hatten, trennten sie sich sofort wieder von ihnen und wurden dann jene zähen Ausschliessungsmänner, die dem Bruder Karls II. die Thronfolge absprechen wollten. Aber während die Zahl der Grafschaftsvertreter, für deren Erneunung

---

[1] Macaulay II p. 70; I p. 126 und a. a. O.

sie massgebend waren, zu Cromwell's Zeit $^2/_3$ der Parlamentsmitglieder ausgemacht hatte, war die Zahl der Grafschaftsvertreter von der Restauration wieder auf $^1/_5$ der Parlamentsmitglieder herabgesetzt worden, und auch auf die Ernennung dieses Fünftels waren die Freisassen nur mehr in einigen Grafschaften von entscheidendem Einfluss.[1]

Bevor wir diese Betrachtung des «Landinterresses» abschliessen, ist noch hervorzuheben, dass den oben besprochenen 356 586 Familien mit 1 935 520 Personen, welche das Landinteresse bilden, wie auf S. 12 gezeigt wurde, noch 2 064 480 Personen hinzuzurechnen sind, welche King als den Reichthum des Landes mindernd bezeichnet. Dieser grosse Anhang des Landinteresses, der weder Getreide kauft noch verkauft, sondern seinen Unterhalt vom Arbeitgeber bezieht, hat nur ein ganz entferntes Interesse an Getreidepreisen, sowie an Getreide-Ein- und Ausfuhr, insofern nämlich die Lage des Arbeitgebers dadurch beeinflusst wird; er ist ferner ohne jeglichen politischen Einfluss, vielmehr politisch ganz in der Hand des Arbeitgebers.

Kehren wir nun zu der Berufsstatistik King's zurück, so finden wir, dass den oben genannten 4 100 000 Personen des Landinteresses 55 000 Familien mit 740 000 Personen, welche vom Handel und Gewerbe, von liberalen Berufsarten oder als Beamte leben, gegenüberstehen und dass denselben, wie auf S. 12 gezeigt wurde, noch 760 520 von den Personen, welche, nach King, den Reichthum des Landes mindern, zuzuzählen sind. Im Ganzen hatten sich uns 1 400 520 Personen, die von den städtischen Berufsinteressen beeinflusst werden, ergeben.

Von diesen fallen 530 000 auf London, 870 520 auf die übrigen Städte und Flecken des Landes. Beide Kategorien haben ein lebhaftes Interesse an niedrigen Getreidepreisen, denn beide müssen ihren gesammten Getreidebedarf kaufen. Indess ist dieses Interesse im Einzelnen bei den beiden Kategorieen nicht unerheblich verschieden.

---

[1] Vgl. Gneist, Englisches Verwaltungsrecht I p. 598; Das englische Parlament p. 280.

Die Städte und Flecken, abgesehen von London, werden in ihrer grossen Mehrzahl weder von Getreideeinfuhr noch von Getreideausfuhr berührt.

Sie liegen in Folge fehlender Verkehrsmittel, wie wir sahen, meist abseits vom grossen Verkehr. Ihren Getreidebedarf beziehen sie nur aus der unmittelbaren Umgebung. Ihr Interesse geht daher nur dahin, dass ihnen dieser Getreidebedarf nicht durch Vorkauf und Aufkauf vertheuert werde. Demnach kümmert sich ihre Getreidepolitik weder um Einfuhr noch um Ausfuhr, sondern lediglich um Vorkauf und Aufkauf. In dieser Politik stehen sie in keinerlei Widerspruch zu den Interessen des sie umgebenden Grossgrundbesitzes. Was ihre übrigen politischen Ansichten angeht, so bilden die Kaufleute und Krämer der Städte nächst den Freisassen die Hauptstütze der Whigs. Daher auch ihre Massregelung durch das Toryregiment am Schlusse der Regierung Karls II. «Burgflecken auf Burgflecken ward genöthigt, seine Privilegien aufzugeben und die neu bewilligten Freibriefe verschafften überall das Uebergewicht den Tories.»[1] Als dann nach der Revolution der frühere Zustand wiederhergestellt wurde, wurden sie, wie bereits erörtert, ebenso wie früher von den sie umgebenden whigistisch gesinnten Grossgrundbesitze politisch beherrscht. Sie waren die Wahlkreise, deren diese stets sicher waren.

Ganz anders in jeder Beziehung die Hauptstadt!

Um ein Bild ihrer Bedeutung für die hier erörterten Fragen zu erlangen, wollen wir von der Beschreibung ausgehen, die John Stow 1598 von der Bevölkerung und vom Zustand von London gegeben hat. Er schreibt:[2] «Die Einwohnerschaft dieser volkreichen Stadt lässt sich unter zwei Gesichtspunkten betrachten, unter allgemeinen und unter besonderen. Was die allgemeinen angeht, so sind die Londoner Unterthanen dieses Reichs und zwar ein Theil der Gemeinen; ihrer Geburt nach sind sie zum grössten Theil eine Mischung aus allen Gegenden des Reichs; dem Blut nach sind sie Gentlemen, Freisassen und Leute der untersten

---

[1] Macaulay I p. 322.

[2] John Stow, A Survay of London 1598 p. 478 ff.

Art ohne Unterschied; dem Beruf nach sind sie geschäftige Bienen, Arbeitsleute für ihren Lebensunterhalt in dem Bienenstock dieses Gemeinwesens. Was die besonderen Gesichtspunkte angeht, so bestehen die Londoner aus Leuten von dreierlei Art: Kaufleute, Gewerbtreibende und Arbeiter. Auch der Handel ist von dreierlei Art: Handel über die See, wodurch die Waaren ein- und ausgeführt werden; Grosshandel, wodurch die Waaren in der Stadt aufgesammelt und von da zu Land über das Reich vertheilt werden; und Kleinhandel, wozu ich die Ladenhalter zum Verkauf im Kleinen rechne. Im gewöhnlichen Leben werden nur die zur ersten Art Gehörigen Kaufleute genannt, die beiden anderen Arten Händler. Gewerbtreibende sind diejenigen, welche solche Künste üben, die sowohl Arbeit, als auch Geschick erfordern, wie die Goldschmiede, Schneider und Barettmacher, die Gerber u. s. w. Arbeiter und Miethlinge nenne ich diejenigen, quorum operae non artes emuntur, wie Tullius sagt, wozu die Träger, die Fuhrleute, die Schiffer u. s. w. gehören. Diese drei Arten können wieder betrachtet werden entweder mit Rücksicht auf ihren Reichthum oder mit Rücksicht auf ihre Zahl: was den Reichthum angeht, so nehmen die Kaufleute und einige der hauptsächlichsten Grosshändler die erste Stelle ein; der grösste Theil der Händler und alle Gewerbtreibende die zweite oder mittlere Stelle; die Miethlinge die letzte: was aber die Zahl betrifft, so stehen die von der Mitte oben an und übertreffen weitaus die beiden anderen: dann kommen die Miethlinge, zuletzt die Kaufleute.» Ueber die Kaufleute macht bereits Stow noch die weitere interessante Angabe, dass sie ihren Lebensabend meist auf dem Lande zubrächten, indem sie, reich geworden, ihre Kinder dorthin verheiratheten und ihnen dann nachfolgten. Der Reichthum, so wiederholt er an einer nicht viel späteren Stelle, befände sich hauptsächlich in der Hand der Kaufleute und Händler; denn die Gewerbtreibenden hätten nicht viel zu sparen, und die Arbeiter hätten es nöthig, dass man ihnen gebe.

Obwohl diese Schilderung vom Ende des 16. Jahrhunderts herrührt, dürften wir sie auch für das 17. Jahrhundert, in dem das Buch von Stow sehr häufig wieder aufgelegt wurde, als für im Grossen und Ganzen zutreffend halten. Besonders beachtenswerth ist in dieser Schilderung Londons das Fehlen jedes gewerblichen Grossbetriebes, ähnlich der in anderen Städten betriebenen Tuchmanufaktur. Hierin dürfte sich aber im Laufe des 17. Jahrhunderts eine Aenderung angebahnt haben. Thomas Mun hebt[1] 1664 die bemerkenswerthe Zunahme in der Verarbeitung fremder Rohseide in London hervor; vor 35 Jahren seien darin nicht mehr als 300 Personen in der Stadt und den Vorstädten von London beschäftigt gewesen, während er auf seine Nachfrage bei den königlichen Beamten für Handel und Gewerbe erfahren habe, dass sie jetzt über 14000 Personen beschäftige. Diese Zahl nimmt zu, als 1685 nach dem Widerruf des Ediktes von Nantes französische Weber nach London einwandern. Spitalfields bevölkert sich mit französischen Seidenwebern.[2] 1689 machen die Seidenweber einen stürmischen Aufzug zum Oberhaus.[3] Aber auch andere Gewerbtreibende kamen in Folge der Aufhebung des Ediktes von Nantes aus Frankreich nach London; einige Tausende liessen sich in Soho und St-Giles nieder.[4] Schon vorher, im Jahr 1676, war die Kattundruckerei in London eingeführt und in demselben Jahre der holländische Webstuhl dort in Gebrauch genommen worden.[5] 1697 hören wir von Webertumulten in London aus Anlass der Einfuhr von baumwollenen und anderen indischen Stoffen, und zwar scheinen damals vor Allem Tuchweber betheiligt gewesen zu sein.[6] Aus all' dem geht hervor, dass im Laufe des 17. Jahrhunderts ein gewerblicher Grossbetrieb, der Tausende von Arbeitern beschäftigte, sich in London entwickelt hat, und zwar darunter auch die Tuchmanufaktur, die, wie dargelegt wurde, für den Export arbeitete.

In London haben wir es also am Ende des 17. Jahrhunderts mit einer Bevölkerung zu thun, welche ihren gesammten Ge-

---

1 Vgl. Smith, Memoirs of Wool I p. 214.

2 Macpherson, Annals of Commerce. London 1805 vol. II p. 617.

3 Siehe Journals of the House of Lords, vol. XIV p. 311 u. 316.

4 Macpherson, Annals of Commerce. London 1805 vol II p. 617.

5 Macpherson II p. 578.

6 Smith's, Memoirs of Wool I 404.

treidebedarf kaufen muss, und deren Getreidebedarf so gross ist, dass er, wie wir gesehen haben, das Aufblühen des Getreidebaus in allen benachbarten Grafschaften, aus denen eine Getreideausfuhr möglich war, verursacht. Der grössere Theil dieser Bevölkerung befindet sich in nur eben ausreichenden, der grosse Theil derselben in dürftigen Verhältnissen. Hier also das intensivste Interesse an billigen Getreidepreisen und zwar nicht blos um der grossen Masse billigen Lebensunterhalt zu schaffen, sondern bereits mit Rücksicht auf die Verbilligung der Produktionskosten der Hauptexportartikel.[1]

Daher denn auch schon im 17. Jahrhundert positive Vorkehrungen der Stadtregierung, um Billigkeit des Getreides zu sichern.

Aus dem Jahre 1610 bereits wird berichtet:[2]

«Ungeachtet der grossen schon früher getroffenen theils allgemeinen, theils besonderen Massnahmen zur Versorgung Londons sowohl seitens der einzelnen Zünfte der Stadt, als auch durch Erbauung und Ausstattung verschiedener Getreidespeicher und Lagerhäuser für die allgemeine Versorgung der Stadt zum Zweck der Verhütung plötzlicher Hungersnoth, ist doch die unbeschreibliche Zunahme der Bevölkerung der Stadt und ihrer Umgebung, sowohl an Fremden, als auch an Eingeborenen so gross, dass die Behörden in ihrer Weisheit, sowohl um Hungersnoth zu verhüten, als auch um für die Armen zu sorgen, mit musterhafter Sorge, vor ungefähr zwei Jahren zu Bridewel zwölf neue schöne Getreidespeicher, ausreichend um 6000 Quarter Korn zu fassen, und zwei Lagerhäuser für Steinkohlen für die Armen, welche 4000 Ladungen Kohlen fassen, zu bauen begannen; welche unentbehrliche Häuser nicht vor diesem Jahre fertig wurden.»

---

[1] Schon William Stafford lässt 1581 in seinem Dialog den Tuchmacher klagen, dass er keine Arbeiter beschäftigen könne wegen der Theuerung der Lebensmittel; die Folgen seien die Tumulte der Weber (Publicat. of the New-Shakspere Society, Series VI Nr. 3 p. 18). Vgl. auch die Stelle p 27: the Artifficers cannot set so many a worke, by reason all manner of victayle is so deer.

[2] Vgl. Publicat. of the New-Shakspere Society, Series VI 5 p. 27.

Auch ist im weiteren Verlauf des 17. Jahrhunderts die Anlage von Getreidespeichern fortwährend der Gegenstand ernsten Nachdenkens in England.[1] Um 1699 empfiehlt Davenant nachdrücklich die Errichtung solcher Getreidespeicher.[2] Wie schon vor ihm Sir Walter Ralegh[3] und Sir William Petty,[4] so stellt auch er Holland als Muster hin, welches statt seinen Getreidebedarf, was äusserst unrentabel sei, selbst zu erzeugen, denselben einführe und das Eingeführte in grossen Magazinen aufspeichere; in Folge dessen sei dort niemals Hungersnoth, sei aber anderswo Hungersnoth, so machten die Holländer grossen Gewinn, indem sie den Völkern das Getreide, das sie ihnen vorher billig abgekauft hätten, wieder theuer verkauften.

London's Interesse erschöpft sich also nicht blos in der Verhinderung von Vorkauf und Aufkauf, sondern es erheischt bereits ernste Massnahmen zur Sicherung niedriger Getreidepreise und zwar einer gewissen Stetigkeit in denselben.

Allein damit war keineswegs gesagt, dass die in London massgebenden Faktoren bereits damals ein Interesse an freier Getreideeinfuhr empfanden.

Diese massgebenden Faktoren waren ja nicht die Gewerbetreibenden und noch weniger deren Arbeiter. Die Letzteren, die Masse, kamen vielmehr politisch noch gar nicht in Betracht, ausser wenn man sich ihrer, wo man demonstriren wollte, zur Erregung von Tumulten bediente. Im Vorstehenden wurde bereits mehrfach erwähnt, wie sie in dieser Beziehung nutzbar gemacht wurden. Besonders wenn man sie religiös erregte oder ihnen vorführte, die Gesetzgebung verkümmere ihren Lebensunterhalt, liessen sie sich leicht in Bewegung setzen. Aber erst im Laufe des 18. Jahrhunderts bedienten sich die gewerblichen Arbeitgeber ihrer, um auf die Getreidehandelspolitik Einfluss zu gewinnen.

Die in London massgebenden Faktoren waren vielmehr die grossen Kaufleute. Diese aber standen der Frage des Getreide-

---

1 Vgl. Philosophical Transactions for the year 1667.

2 Davenant, Works II p. 225 ff.

3 Sir Walter Ralegh, Works VIII p. 355 ff.

4 Sir William Petty, Polit. Arithmetick p. 33, 72 u. s. w.

handels unter doppeltem Gesichtspunkte gegenüber. Rein commerciell betrachtet konnte es ihnen gleichgültig sein, ob der Getreidehandel in der Einfuhr oder Ausfuhr von Getreide bestand, wenn nur überhaupt Getreidehandel stattfand. Ja sie waren vielleicht auch aus commerciellen Gesichtspunkten eher für eine Ausfuhrprämie geneigt, weil sie auch in billigen Jahren einen Getreidehandel durch Begünstigung der Ausfuhr aus den London umgebenden Grafschaften ermöglichte. Zu diesem commerciellen Interesse kam aber noch ein anderes, welches sie mit den Interessen der an der Ausfuhr interessirten Grossgrundbesitzer noch für lange verband.

In politischer Beziehung war nämlich die damalige Lage von London die folgende:

Bereits Macaulay hat dargelegt, wie London damals auf die Geschicke von England einen Einfluss ausübte, wie im 19. Jahrhundert Paris auf die Geschicke von Frankreich. Es that dies nicht blos vermöge seiner grossen Bevölkerung, die ein Zehntel der des Landes betrug, noch auch blos in Folge der Zahl der Vertreter, die es ins Parlament sandte, da diese gering war, auch nicht blos in Folge seiner Eigenschaft als Residenz des Königs. Es übte seinen Einfluss ähnlich dem, den der Kapitalist auf den Darlehensbedürftigen ausübt. Es beherrschte die Börse, es beherrschte die Vorräthe an Edelmetall. Unzählige Male hatte es den Königen aus Geldverlegenheiten geholfen; oft hatte es durch Verweigerung von Darlehen diese Verlegenheiten unsäglich vermehrt. Mit Recht sagt Macaulay:[1] «eine Regierung, welche London Unterstützung und Zutrauen schenkte, konnte in einem Tage Geldmittel bekommen, zu deren Einsammlung aus dem übrigen Theile der Insel es Monate bedurft haben würde.» Mit dieser Macht hatte sich die Stadt in dem Streit zwischen Parlament und Krone auf die Seite des ersteren gestellt. Seine stolzen Bürger hassten die toryistische Gentry, wie sie von ihr gehasst wurden. Und als die letzten Stuarts der Stadt, um sie, für ihre unverbesserlich whigistische Gesinnung zu strafen, ihre alten Freiheitsbriefe

[1] Macaulay II p. 94.

entzogen, war dies eine der Hauptursachen, die zur Vertreibung der Stuarts führte, ebenso wie die Unterstützung, welche London dem Prinzen von Oranien entgegenbrachte, eine Hauptursache von dessen Thronbesteigung als Wilhelm III. und eine Hauptstütze seines Regimentes war.

Interessengemeinschaft hatte also die City mit der hohen Aristokratie zusammengeführt, um Jakob II. zu vertreiben, und nicht minder interessirt war die Unterstützung, welche sie dem neuen Regiment zu Theil werden liess. Ich denke hierbei nicht an die Thatsache, dass im letzten Viertel des 17. Jahrhunderts die Verbindungen zwischen der City und der Grundaristokratie immer zahlreicher wurden, indem einerseits die grössten Herren anfingen ihre Söhne zu Kaufherren in die Lehre zu geben[1] und andererseits Sir W. Temple[2] bezeugt, dass das Hineinheirathen der adligen Familien in die City um des Geldes willen, dessen Beginn schon Stow constatirt hatte, immer mehr zunahm. So wichtig diese Thatsache ist namentlich für die Erklärung des Verständnisses und der Rücksichten, welche die aus dem Adel hervorgegangenen englischen Staatsmänner den Interessen des Handels widmen, so war es doch eine viel unmittelbarere Interessengemeinschaft, welche die City mit der Whigaristokratie zur Unterstützung Wilhelms III. zusammenführte.[3] Zur Vertreibung und Bekämpfung der Stuarts hatte Wilhelm sehr beträchtliche Schulden kontrahirt. Die diesbezüglichen Forderungen waren in den Händen der City. Wurde Wilhelm III. gestürzt, so war es mehr als zweifelhaft, ob die Schuld anerkannt werden würde. Die City hatte also die stärksten persönlichen Gründe jede Massregel zu unterstützen, welche Wilhelm III. befestigte. Und wenn eine besondere Art der Getreidehandelspolitik dazu diente, dem neuen Regimente die Sympathieen der grossen und mittleren Grundbesitzer und der Pächter zu sichern, lag auch diese Getreidehandelspolitik im Interesse der City.

---

[1] Vgl. Edward Chamberlayne, The present State of England 1672 p. 314.

[2] Temple, Miscellanea III, publ by J Swift. London 1701 p. 79.

[3] Vgl. Lecky I p. 213 ff.

II.

Die englische Getreidehandelspolitik im Mittelalter.

Ausser der Kenntniss der wirthschaftlichen, gesellschaftlichen und politischen Verhältnisse Englands um 1689 bedarf es, um die in diesem Jahre eingeführte Ausfuhrprämie für Getreide zu verstehen, auch der Kenntniss der englischen Getreidehandelspolitik der vorausgegangenen Jahrhunderte. Die erstere zeigt uns nur die Menschen, für welche damals die erwähnte gesetzliche Neuerung getroffen wurde. Die Geschichte der englischen Getreidehandelspolitik lässt das allmähliche Heranreifen der Gedanken begreifen, welche in dem neuen Gesetze zum Ausdruck gelangt sind. Nur aus der Kenntniss der damaligen Gegenwart und der vorausgegangenen Geschichte lässt sich Wilhelm III. beim Erlass des Gesetzes beurtheilen.

Eine Skizze wenigstens der geschichtlichen Entwickelung der englischen Getreidehandelspolitik bis 1689 ist aber um so nothwendiger, als es noch keine einzige Darstellung derselben gibt, welche wissenschaftlichen Anforderungen auch nur einigermassen genügt.

§ 1. Ich beabsichtige nicht auf die Ordnung des Handels im Allgemeinen oder des Getreidehandels im Besonderen einzugehen, wie sie in angelsächsischer Zeit oder in den ersten anderthalb Jahrhunderten nach der normännischen Eroberung bestand. Die frühesten uns vorliegenden Quellen, welche einigermassen mit Reichhaltigkeit fliessen, sind die Urkunden aus der Zeit

König Johanns, welche von Hardy und Anderen veröffentlicht sind.

Aus diesen Urkunden drängt sich vor Allem eine Thatsache auf: Wir finden Niemanden, der Handel treibt, der nicht durch ein besonderes Privileg des Königs dazu ermächtigt wäre. Niemand, sei er ein Fremder oder Einheimischer, darf auch nur reisen ohne einen Geleitsbrief des Königs.[1] Niemand, sei er fremd oder einheimisch, darf Handel treiben ohne eine besondere Licenz des Königs. Solche Licenzen werden den Einheimischen gewährt in Freibriefen, verliehen den Bürgern dieser oder jener Stadt oder den Mitgliedern der gilda mercatoria dieser oder jener Stadt.[2] Einheimische, welche einer solchen Corporation nicht angehören, und, wenn auch nur einmal, Handel treiben wollen, bedürfen dazu einer besonderen Licenz.[3] Im Ausland aber dürfte das Recht zum Handelsbetrieb ähnlich geordnet

---

[1] Dabei unterschied man Geleitsbriefe de simplici protectione und solche, die weiteren Schutz, weitere Privilegien zusicherten. Vgl. Rotuli Litterarum Patentium p. 48, b. — 49, a. — 52, a. Rymer, Foedera, enthält für das ganze Mittelalter eine Menge sowohl von Geleitsbriefen als auch von Reiseverboten.

[2] Vgl. die in den Rotuli Chartarum (1199-1216), gleichfalls von Th. Duffus Hardy herausgegeben, London 1837, enthaltenen Freibriefe von Nottingham Rot. Chart. 39, a; York R. C. 40, b; Gloucester R. C. 56, b; Beverley R. C. 53, b; Salisbury R. C. 54, a; Ipswich R. C. 65, b; Dunwich R. C. 51, b; Cambridge R. C. 83, b; Helleston R. C. 93, a; Wilton R. C. 125, b; Ivelcester R. C. 130, b; Marlborough R. C. 135; King's Lynn R. C. 138, b; Derby R. C. 138, a; Andover R. C. 148, a; Great Yarmouth R. C. 175, b; Winchester R. C. 217, a (vgl. auch Brady, Historical Treatise of Cities and burghs or boroughs. 2. ed. London 1704 App. 31); Herford R. C. 212, b; Newcastle upon Tyne R. C. 219, b (vgl. auch Charte R. C. 86, 87); Dunwich R. C. 211, b. — Vgl. ferner Madox, History of the Exchequer. London 1711 I p. 324. Die Homines Wigorniae, de Bedeford, de Norwiz, de Huntendon, de Norhanton, de Notingham, de Novo Castello super Tynam, Lincolliae, St. Albani, de Berchamstede, de Cesterfelde, die Burgenses Gloecestriae zahlen alle grössere oder geringere Gebühren ut possint emere et vendere pannos tinctos sicut solebant tempore regis Henrici.

[3] Vgl. Rot. Litt. Pat. 48, b. — 50 a u. b. Auch um eine offene Handelsgesellschaft zu gründen ist die Zahlung einer Gebühr, und zwar einer hohen, 50 Marcae, nothwendig. Madox I p. 323.

gewesen sein; daher auch die Schutzbriefe, welche Kaufleuten, die ins Ausland reisen, ertheilt werden, eine Art Empfehlungsschreiben an die dortigen Gewalthaber.[1] Fremden werden die Handelslicenzen für beschränkte oder unbeschränkte Zeit verliehen, entweder den Bürgern einer Stadt[2] oder eines Landes[3] oder einzelnen Individuen.[4] Im ersteren Falle muss der Kaufmann, der von der Licenz Gebrauch macht, eine Legitimation bei sich tragen, die seine Zugehörigkeit zu der privilegirten Genossenschaft dokumentirt.[5] Bemerkenswerth ferner ist das Vorkommen von Hoflieferanten, mercatores dominici;[6] namentlich Fremde, und zwar, nach dem Namen zu schliessen, Juden werden dazu ernannt, oft nur für bestimmte Zeit, oft für Lebenszeit.[7] Endlich ist entgegen der weit verbreiteten Annahme, dass alle Kaufleute Freie gewesen seien, zu bemerken, dass einmal auch ein Unfreier als Kaufmann genannt wird.[8]

Abgesehen von den Fällen, in denen es sich darum handelt, eine ausreichende und billige Verproviantirung des Landes, der Städte und insbesondere der Orte, wo der König und sein Hofhalt sich aufhalten, zu sichern, waren es lediglich fiskalische Gesichtspunkte, welche bei der Ertheilung von Licenzen mass-

---

[1] Vgl. Rot. Litt. Pat. 117, b.

[2] Vgl. z. B Rot. Litt. Pat. 98, a.

[3] Vgl. z. B. Rot. Litt. Pat. 16, b. — 43, a. u. s. w.

[4] Solche Licenzen sind ungemein zahlreich. Vgl. Rot. Litt. Pat. 5, b. u. s. w. Vgl. auch die den Gebrüdern Oisel ertheilte Licenz bei Madox I p. 323.

[5] Vgl. Rot. Litt. Pat. 98, a.

[6] Vgl. Rot. Litt. Pat. 5, b. — 31, a. — 53, a. — 69, a. — 61, a. — 69, b. — 90, a. — 90, b. — 98, a. u. s. w.

[7] Simon Saphir aus Gent kommt vor bald mit der Bezeichnung dominicus mercator, bald ohne dieselbe. Jedesmal, wo er vorkommt, muss er neue Licenzen bezahlen.

[8] Sciatis quod concessimus Willelmo de la Chaucée homini Comitisse Leircestriae quod libere et sine impedimento possit venire in terram nostram Angliae et negociari in ea cum omnibus rebus et merchandisis suis, faciendo etc. et quod salvo redire possit. Et immo etc. quod ipsum super hoc non impediatis aut impediri permittatis. Datirt vom 3. Mai 1205. Rot. Litt. Pat. 53, b.

gebend waren. Es handelte sich ausschliesslich darum jede Gelegenheit zu benutzen, dem Könige Einnahmen zu verschaffen, und für jede Licenz mussten eben Gebühren entrichtet werden. Auch würde es völlig irrig sein, wollte man annehmen solche Gebühren seien nur da erhoben worden, wo eine unentbehrliche Leistung der Regierung im Interesse des die Gebühren Entrichtenden vorlag, und nur in dem Masse, in dem diese Leistung der Regierung selbst Kosten verursachte. Dieser Gedanke, welchen moderne Finanzschriftsteller in das Gebührenwesen hineingeheimnisst haben, war demselben, wie Professor Brentano in seinen Vorlesungen über Finanzwissenschaft dargethan hat, vom Anbeginn bis zum heutigen Tage in der Wirklichkeit fremd. Und die Urkunden, die sich auf die von den englischen Königen erhobenen Gebühren beziehen, zeigen, dass dieselben an ihrem Anfang wie heute, trotz der verschiedenen Firma, unter der sie auftraten, in der Wirklichkeit nichts anderes waren als Steuern die sich von andern Gelegenheitssteuern, wie Professor Brentano die sog. indirekten Steuern nennt, nur durch die Gelegenheit unterschieden, bei der sie erhoben wurden. Insbesondere damals nahm man von Jedermann eine Abgabe, der irgend etwas wollte, woran man ihn zu verhindern im Stande war, und zwar nahm man von ihm in dem Masse, in dem es nach Lage der Verhältnisse möglich und zweckmässig schien, von ihm zu erpressen.[1] Dieser rein

---

[1] Man vergleiche die von Hunter, Hardy und neuerdings von The Pipe Roll Society veröffentlichten Urkunden des Schatzamts seit der Zeit Heinrich I., vor Allem aus der Heinrichs II., Richards I. und Johanns. Um statt aller anderen Beispiele eines herauszunehmen, an dem man prüfen möge, ob die moderne Gebührentheorie auch nur für die Anfänge des Gebührenwesens zutrifft, sei hier der Fall der Frau von Nevill angeführt. Es heisst von ihr: Uxor Hugonis de Nevill dat Domino Regi ducentas gallinas, eo quod possit jacere una nocte cum Domino suo Hugone de Nevill. Plegii, Thomas de Sanford de centum gallinis, et ipse Hugo de centum gallinis, reddendis infra capud quadragesimae; et si quae illarum fuerint adtunc reddendae, reddantur ad proximum Pasca. (Rotuli de Oblatis et Finibus, temp. reg. Johannis, ed. Hardy 1835 p. 275.) Welch' reizendes Sittengemälde! Und welcher Humor, die Abgabe gerade in Hennen zu fordern! Wie sich die Geheimenräthe der Finanzverwaltung gefreut

fiskalische Gesichtspunkt, wie er das gesammte Gebührenwesen beherrschte, war auch massgebend für die Gebühren, die man unter dem Namen von Licenzen von den Handelstreibenden erhob, und, wie bemerkt, nur bei der Ermächtigung zum Handel mit Lebensmitteln machten sich neben den fiskalischen noch andere Gesichtspunkte geltend.

Ausser durch die Gewährung von Licenzen machte der Fiskus den Handel aber noch durch Zölle nutzbar, die er von den Handeltreibenden erhob. Beiderlei Einnahmen sind an sich völlig unabhängig von einander. Die Ertheilung einer Handelslicenz enthebt nicht von der Verpflichtung, Zoll zu zahlen.[1] Mitunter erstreckten sich indess die den Gilden ertheilten Privilegien[2] und die Einzelnen ertheilten Licenzen[3] neben Anderem, was sie gewährten, auch auf die Befreiung von sämmtlichen oder einzelnen Zöllen. Das Mass, in dem die Befreiung stattfindet, ist in den Urkunden angegeben. Für solche Zollbefreiungen werden die zu entrichtenden Gebühren dann höher. Fiskalisch bedeutet die Befreiung also so viel, dass die Entrichtung von Pauschalabgaben an die Stelle von Einzelabgaben tritt. Dies befördert den Verkehr und macht sich in der Erhöhung der Einnahmen aus den von den Marktbesuchern erho-

---

haben mögen, als sie Mitwisser dieses ehelichen Geheimnisses wurden und die Abgabe in Empfang nahmen! Und der gute Freund Thomas von Sanford, der die Treppe hinaufleuchtet! Vor Allem aber der gnädige König Johann, der seine Erlaubniss gibt und gemäss der Gebührentheorie Gebühren entsprechend seiner im Interesse des Ehepaars Nevill unentbehrlichen Mitwirkung nur in dem Masse erhebt, als ihm seine Mitwirkung selbst Kosten verursacht! Dabei war Hugo von Nevill keineswegs, wie Hume gemeint hat, ein Gefangener des Königs. Vielmehr war er einer der ersten Kronbeamten, wie die gleichzeitigen Urkunden in den Rotuli Litterarum Patentium und anderwärts zeigen.

[1] Vgl. Rot. Litt. Pat. z. B. 43, a. und an sehr vielen anderen Stellen.

[2] Die Gilden hatten für die ihnen ertheilten Privilegien, zu denen regelmässig grössere oder geringere Zollbefreiungen gehörten, jährlich ein Pachtgeld, firma, zu zahlen Vgl. die Gildefreibriefe, auf die oben p. 56 Anmerkung 2 verwiesen ist.

[3] Zollbefreiungen finden sich in den einzelnen Personen ertheilten Licenzen sehr selten. Vgl indess Rot. Litt. Pat. 15, a — 44, a. — 53, a.

benen Abgaben bezahlt. Auch äussert sich das fiskalische Interesse des Königs in der Fürsorge, dass ihm nicht durch Wegbleiben der fremden Kaufleute von seinen Landen und Märkten eine finanzielle Einbusse werde; daher denn Entschuldigungen des Königs, wo fremden Kaufleuten Unrecht geschehen ist, und seine Aufforderungen, doch ja wiederzukommen.[1] Abgesehen von den gegen Pauschalzahlungen gewährten Zollbefreiungen finden sich solche auch ausländischen Herrschern oder grossen Herrn zu gefallen,[2] oder um den Besuch eines Marktes, dessen Marktrecht einem Günstling verliehen ist, zu steigern,[3] oder es wird diesem oder jenem Höfling Zollfreiheit für die Einfuhr gewisser Waaren, namentlich von Lebensmitteln für den eigenen Bedarf, ertheilt.[4]

Bei dem Handel ist der Binnenhandel von dem auswärtigen Handel zu unterscheiden.

Der Binnenhandel concentrirt sich in den verschiedenen Orten des Landes, welche Marktrecht besitzen. Die einheimischen Kaufleute verkaufen daselbst entsprechend den Privilegien der gilda mercatoria, welcher der Betreffende angehört. Für die Bewohner oder Bürger eines Ortes bedeutet aber die Verleihung der gilda mercatoria noch mehr als diese oder jene Zollfreiheiten. Sie bedeutet, wie Professor Brentano in seinen Vorlesungen über Wirthschaftsgeschichte ausgeführt hat, neben Anderem besonders auch die Exemtion von dem den agrarischen Bedürfnissen der Landbewohner entsprechenden Rechte und Gerichtsverfahren der Grafschaftsgerichte. An ihre Stelle tritt ein besonderer städtischer Gerichtshof mit einem den Bedürfnissen des beweglichen Besitzes entsprechenden Rechte und Gerichtsverfahren.

Der auswärtige Handel concentrirte sich an wenigen Orten mit Häfen, sog. Stapelplätzen, die theilweise ziemlich weit von der See liegen, bei der Unansehnlichkeit der damaligen Fahr-

---

[1] Vgl. Rot. Litt. Pat. 74, a.

[2] Vgl. Rot. Litt. Pat. 30, b. — 44, a.

[3] Vgl. die Urkunde über den Markt zu Sorham. Rot. Litt. Pat. 43, a.

[4] Rot. Litt. Pat. 2, a. — 38, a. u. a. a. O.

zeuge für Handelszwecke aber damals trotzdem Seestädte waren.[1] Nur von diesen Orten aus durften heimische Produkte ausgeführt werden.[2] Fremde Kaufleute, welche Waaren einführten, durften nur eine bestimmte Zeit am Orte weilen; innerhalb dieser Frist mussten sie ihre Waaren losschlagen.[3] Waaren, die einmal eingeführt waren, durften nicht wieder ausgeführt werden.[4] Auch war es verboten, den Erlös der verkauften Einfuhr in Geld auszuführen. Es mussten englische Produkte dafür gekauft und ausgeführt werden, und nur genau so viel Geld als man mitgebracht hatte, durfte man wieder mitnehmen, — eine Bestimmung, welche, wie die häufige Wiederholung der Geldausfuhrverbote zeigt, nur zum Theile beobachtet wurde.[5] Die Zölle wurden sowohl von der Ein- wie von der Ausfuhr erhoben, besonders aber von der Ausfuhr der Hauptstapelprodukte von England, von Wolle und Leder. Auch die fremden Kaufleute, die an diesen Stapelplätzen verkehrten, hatten ihre privilegirte Gerichtsbarkeit, in welchem Masse, ergab der Inhalt der ihnen ertheilten Privilegien. Es gehört allerdings erst einer späteren Zeit an,[6] wenn wir mit jedem Stapel einen besonderen Gerichtshof verbunden finden, bestehend aus einem mayor, der

---

[1] Vgl. Madox, History of the Exchequer I c. 18 p. 530 Note 4.

[2] Vgl. das Gesetz vom 4. Juni 1204. Rot. Litt. Pat. 42, a. — 43, a.

[3] Vgl. die Angaben in der Petition der Gemeinen A. D. 1326 u 1327. Rot. Parliam. II p. 9 Nr. 17.

[4] Vgl. ibidem; siehe auch, was speziell London angeht, Liber Albus, edit. Riley. London 1859 I p. 461, 693.

[5] Vgl. Rymer foedera, accurantibus Johanne Caley et Fred. Holbrooke, vol. I pars II p. 564, 608, 928 Aussergewöhnliche Erlaubniss, Geld auszuführen bei Rymer foedera, vol. II pars I p. 75, 78 etc. Ferner heisst es im 27. Edw. I. De falsa moneta: Uncore est ordene qe nule bone moneye de argent, de notre coign ne de autri, ne nul argent en plate ne en autre manere, ne isse, ne porte ne soit hors de notre Roiaume, ne hors de notre poer en les parties de la outre, saunz especiale conge de nous, sur la peyne de susdite. Vgl. ferner 9. Edw. III. stat. 2. c. 1, 9, 10; 17. Edw. III.; 27. Edw. III. c. 14; 38. Edw. III. c. 2.

[6] Vgl. Edward Coke, The Institutes of the Law of England IV. cap. 46.

für ein Jahr gewählt wurde, und zwei auf Lebenszeit gewählten Constabularii. Wähler war die Gemeinschaft der Kaufleute des Stapelplatzes. Der Gerichtshof sprach nach der lex mercatoria Recht. Bei Rechtsstreitigkeiten unter Fremden bestand die Jury aus Fremden; war eine der Parteien ein Fremder, so bestand die Jury zur Hälfte aus Fremden.[1]

Betrachten wir, wie die Zollverhältnisse an diesen Stapelplätzen geordnet waren. Es geht dies deutlich aus einem am 4. Juni 1204 erlassenen Gesetze (assisum per consilium fidelium nostrorum) über die Erhebung der quindecima und die Aus- und Einfuhr von Waaren hervor.[2]

Nach diesem Gesetze gab es damals drei Oberzollkommissare in England, denen die Zollbehörden in jedem englischen Hafen unterstellt waren.

Diese Lokalzollbehörden (baillivi) bestanden aus 6 oder 7 der besseren Bürger der Hafenstadt, einem Ritter und einem Schreiber. Ihre Aufgabe war die Erhebung des 15. Theils der Waare bei Ein- oder Ausfuhr derselben und Ablieferung des Erhobenen an die königliche Verwaltung.[3] Sie hatten darüber zu wachen, dass die Bestimmungen dieses Zollgesetzes durchgeführt wurden, und waren den Oberzollkommissaren verantwortlich.

Dem entsprechend gehörte Folgendes zu ihrer Aufgabe:

Sie hatten darüber zu wachen, dass kein falsches oder beschnittenes Geld nach England eingeführt werde.

Kein Kaufmann durfte irgendwelche Waare ein- oder ausladen ohne ihr Beisein und ihre Erlaubniss.

Sie hatten den Schiffen die Geleitsbriefe für die Seefahrt auszustellen unter ihrer Verantwortung.

---

[1] Vgl. schon die Bestimmungen der im Anhang abgedruckten Carta mercatoria von 1303.

[2] Rot. Litt. Pat. 42, a. — 43, a.

[3] Eine bei Madox, History of the Exchequer c. 18 Note i abgedruckte Urkunde ergibt, dass vom 20. Juli 1204 bis zum 30. November 1205 die baillivi von Newcastle 158 L. 5 s. 11 d., die von Boston 780 L. 15 s. 3 d., die von Lynne 651 L. 11 s. 11 d., die von Southampton 712 L. 3 s. 7 d., die von London 836 L. 12 s. 10 d. ablieferten, im Ganzen also 4958 L. 7 s. 3 $^1/_2$ d. abgeliefert wurden.

Sie durften die Ausfuhr von Wolle nicht gestatten und auch nicht die quindecima für solche Ausfuhr erheben, ohne dass der Kaufmann ein Patent der Oberzollkommissare beigebracht hatte, das die Ausfuhr gestattete und Zahl und Preis der Säcke angab.

Von Zinn sollte quindecima oder Zoll nicht erhoben werden, abgesehen von der Mark des neuen Ertrags der Zinngruben.

Sie mussten über die Kaufleute, von denen sie Zoll erhoben, in vorgeschriebener Weise Buch führen, die eingenommenen Gelder in bestimmter Weise aufbewahren und hatten gegenüber den Oberzollkommissaren Rechnung zu legen.

Es war ihnen verboten, Uebertretungen dieses Gesetzes, die in ihrem Verwaltungsbezirke vorkamen, nachzusehen oder Strafgelder dafür anzunehmen. Dies durften nur die Oberzollkommissare thun.

Die Oberzollkommissare hatten auch die Aufsicht über die Waagen in Märkten, Städten und Marktflecken. Kein Kaufmann durfte wiegen ausser vor den baillivi der quindecima des betreffenden Ortes.

Als Belohnung für ihre Dienste genossen die baillivi Steuerfreiheit.

Die baillivi der Seehäfen standen unter der Controle von clerici, die Gegenbuch führten.

Die baillivi der Seehäfen durften nicht gestatten, dass Waffen verschifft wurden ausser im Dienste des Königs oder zur eigenen Vertheidigung des Schiffers, ferner, dass gewisse Lebensmittel verschifft wurden, ausser mit besonderer Licenz. Solche Lebensmittel waren G e t r e i d e, Speck, Fleisch, Käse, Butter, Honig, Salz, Häring, Lachs und andere Arten von Lebensmitteln, die in der Urkunde nicht mehr zu lesen sind.

Diese Lebensmittel durften indess von einem englischen Hafen in einen anderen verschifft werden, unter Sicherung seitens des Schiffers, dass er ein Zeugniss, sie nicht anderswohin gebracht zu haben, zurückbringe.

Ueberhaupt mussten alle Kaufleute aus den Ländern des Königs, welche von einem Orte zu einem anderen innerhalb dieser Länder Waaren zur See führen wollten, alle ihre Waaren einregistriren und schätzen lassen und gute Sicherheit geben, dass sie ein Zeugniss zurückbrächten, dass sie an dem von ihnen angegebenen Orte gelandet seien, ausgeladen und die Bestimmungen dieses Gesetzes beobachtet hätten.

Mit dieser Organisation der Zollbehörden hatte man das Mittel in der Hand, um den ganzen Verkehr mit dem Ausland, sowohl den Personen- als auch den Güterverkehr, nach Belieben zu regeln. Denn kein Schiff konnte auslaufen, ohne dass die baillivi sein Auslaufen genehmigten, keine Person und keine Waare ohne ihre Kenntniss aus dem Lande aus- oder dahin eingehen.

Mit Leichtigkeit konnte man nun die prisae vom Wein erheben, welche dem Könige zustanden,[1] mit Leichtigkeit sich der nöthigen Schiffe versichern, wollte der König mit einer Armee nach dem Continent fahren,[2] mit Leichtigkeit verhindern, dass unwillkommene Nachrichten aus England nach dem Continent oder von dort nach England kamen,[3] mit Leichtigkeit auch Unrecht, das den englischen oder befreundeten Kaufleuten im Ausland zugestossen, rächen, indem man bis zur Sühne die Beschlagnahme der Güter sämmtlicher Kaufleute des betreffenden fremden Landes anordnete.[4]

§ 2. Ich habe die vorstehenden Bemerkungen vorausgeschickt, weil ohne die Kenntniss des damaligen Rechts zum Handelsbetrieb und der damaligen Zolleinrichtungen es unverständlich bleiben würde, wie die für den Getreidehandel mit dem Ausland jeweilig geltenden Bestimmungen zur Durchführung kommen konnten.

---

1 Vgl. Rot. Litt. Pat. 63, b.

2 Vgl. Rot. Litt. Pat. 62, b.

3 Vgl. Rot. Litt. Pat. 50, a. u. a. a. O.

4 Vgl. Rot. Litt. Pat. 105, a. — 144, a. Mitunter gehörte es zu den Privilegien, welche den Bürgern einer Stadt ertheilt wurden, dass sie nur für Schulden haften sollten, die ihre eigenen wären oder für die sie Bürgschaft übernommen hätten. Vgl. Rot. Litt. Pat. 137, b.

Ueber den Getreidehandel selbst kenne ich urkundliche Nachrichten aus einer dem vorgeführten Gesetze etwas vorangehenden Zeit. In den Jahren 1177, 1178, 1180 und 1183 fanden Bestrafungen verschiedener Personen statt, welche ohne Licenz des Königs Getreide ausgeführt hatten.[1] Das erste Mal, wo uns vom Getreidehandel urkundlich berichtet wird, deutet also auf das Streben, das später so oft wiederkehrt, durch Ausfuhrverbote die Getreidepreise im Inland zu drücken. Da aber die diesen Bestrafungen unter Heinrich II. vorausgehenden Regenten, mit Ausnahme des autoritätslosen Stephan, die Zügel des Regiments nicht minder straff hielten als Heinrich II., ist es vielleicht nicht allzu gewagt, auch ohne direkte urkundliche Zeugnisse, wenigstens zu vermuthen, dass bereits seit der normännischen Eroberung die Getreideausfuhr ohne besondere königliche Licenz verboten war.

Jedenfalls aber zeigen die erwähnten Bestrafungen, dass es nichts Neues war, wenn in den mitgetheilten Bestimmungen des Gesetzes Johanns vom 4. Juni 1204 Getreide unter denjenigen Waaren genannt wird, deren Ausfuhr streng verboten ist, ausser bei besonderer Licenz.

Bei dieser Bestimmung bleibt es im Grossen und Ganzen bis 1393. Auch treten darin bereits die beiden Gesichtspunkte hervor, welche die englische Getreidehandelspolitik bis zu diesem Jahre beherrschen: die Fürsorge für billige Lebensmittel, — ihr entspringt das Getreideausfuhrverbot, — und die Fürsorge für die Kasse des Königs, mit welcher die Gewährung der Getreideausfuhr gegen Bezahlung besonderer Licenzgebühren zusammenhängt. Im 13. Jahrhundert ist die erstere Rücksicht die überwiegende; im 14. Jahrhundert, nachdem 1297 das Steuerbewilligungsrecht des Parlaments durch die confirmatio Cartarum vom Könige definitiv anerkannt war, tritt der zweite Gesichtspunkt immer mehr in den Vordergrund; denn, wie Professor Brentano in seinen Vorlesungen über Finanzwissenschaft bei der Skizzirung der englischen Finanzgeschichte dargelegt hat, nur widerwillig haben die letzten Plantagenets die

---

[1] Abgedruckt bei Madox I p. 381, 387, 388.

ihnen durch jene parlamentarischen Rechte gewordene Beschränkung ertragen; auf jede Weise suchten sie diese zu umgehen, indem sie sich Einnahmen, welche von parlamentarischer Bewilligung unabhängig waren, verschafften; und zu den Mitteln, die sie zu dem Zwecke anwandten, gehörte auch die Gewährung von Licenzen zur Getreideausfuhr.

Betrachten wir zunächst die Massnahmen, welche die Sicherung billigen Brodes bezweckten.

Wenn es noch im 17. Jahrhundert die Regel war, dass das Getreide von den Landbewohnern und den Bewohnern der ihnen zunächst liegenden Städte verzehrt wurde und nur für London und die an der See gelegenen Städte die Zufuhr aus grösserer Entfernung in Betracht kam, so gilt dies noch mehr für die vorausgehenden Jahrhunderte. Die Landstädte und ihr Bedarf an Getreide waren noch weit geringer, die Verkehrsmittel zu Land noch weit unvollkommener als später. Dazu wissen wir von London bestimmt, dass Getreide, das dort einmal eingeführt war, nicht wieder ausgeführt werden durfte.[1] Und dass auch der Transport aus einer Grafschaft in eine andere verboten war, dürfte aus den zahlreichen erhaltenen Licenzen zu schliessen sein, welche zum Transport von Getreide zur See aus einem Landestheil in einen andern berechtigen.[2] Auch wären die mitunter sehr beträchtlichen Preisdifferenzen in den verschiedenen Theilen Englands ohne solches Verbot kaum zu erklären. So z. B. wenn Macpherson[3] nach verschiedenen Schriftstellern für das Jahr 1288 berichtet: «dieses Jahr war in England die Ernte so reichlich, dass das Quarter Weizen an einigen Orten 20 d., an andern 16 d., an andern 12 d. kostete. In den westlichen und nördlichen Theilen des Landes kostete er 8 d., aber in London 3 s. 4 d.» Wahrscheinlich also, dass es in England wie in vielen Ländern des Continents war, in denen die Verführung von Getreide aus einer Provinz in eine andere verboten war.

---

[1] Vgl. Liber Albus ed. Riley I p. 461, 693.

[2] Vgl. Rot. Litt. Pat. 4, a. — 19, b. — 26, b. — 50, a. — 60, a. — 78, a. — 159, a.

[3] Macpherson, Annals of Commerce I p. 449.

Der auswärtige Getreidehandel hatte also nur für die Seestädte Bedeutung. Die Binnenstädte bezogen ihren Bedarf aus der Grafschaft, in der sie gelegen waren. Dem entsprechend waren ausser den Getreideausfuhrverboten als Regel nur zweierlei Massnahmen von Bedeutung: die Sicherung gegen künstliche Vertheuerung des Getreides durch Vorkauf und Aufkauf seitens Solcher, welche den Getreidezuführenden entgegengingen, um das ihnen abgekaufte Getreide an die Stadtbewohner theuerer zu verkaufen, und die Fürsorge gegen künstliche Vertheuerung des Brodes durch die Bäcker. In ausserordentlichen Fällen kamen dazu noch Massnahmen, um zur Getreidezufuhr an bestimmte Orte zu ermuntern.

Die Gesetze gegen Vorkauf und Aufkauf von Getreide sind im mittelalterlichen England so zahlreich wie in anderen Ländern derselben Jahrhunderte. Es bietet für uns kein Interesse, auf sie hier näher einzugehen.

Dasselbe gilt hinsichtlich der Bestimmungen über die Bäcker. Daher auch nur die Notiz, dass König Johann am 15. April 1204, nach dem Vorgang [1] einer ähnlichen Bestimmung Richards I., bestimmte,[2] dass der Brodpreis in Winchester in einem bestimmten Verhältnisse zum Getreidepreis stehen solle, indem er den Gewinn feststellte, den der Bäcker beziehen darf. Dieses Prinzip wurde 1266 in dem 51. Henrici III stat. 1., der Assisa panis, im Einzelnen durchgebildet und für das ganze Königreich statuirt. Merkwürdig ist, dass diese assisa panis erst 1709 abgeschafft wurde durch den 8. Annae c. 19. Sie war unverständlich geworden und wurde desshalb nicht mehr beobachtet.[3]

---

[1] Vgl. Chronica Rogeri de Hoveden, edited by W. Stubbs. vol. III 1870 p. 60: Si aliquis autem bladum emerit, et de eo panem fecerit, teneatur lucrari in salma unum terrin tantum et bren.

[2] Rot. Litt. Pat. 41, a.

[3] Die Bemerkung bei Schanz, Englische Handelspolitik I p. 637, über die Assisa panis: «Ihre Bestimmungen waren in der Hauptsache so glücklich getroffen, dass sie über ein halbes Jahrtausend Bäcker wie Publikum befriedigte und in Zeiten der Noth wie des Ueberflusses sich bewährte», bedarf demnach einiger Einschränkung.

Zu den ausserordentlichen Fällen, in denen die Fürsorge für Beschaffung billiger und reichlicher Lebensmittel über diese Massnahmen hinausging und zur Getreidezufuhr ermunterte, gehörten vor Allem die Aufforderungen zur Getreideeinfuhr an Orte, wo der König und sein Hofhalt sich gerade aufhielten,[1] ferner Befehle, Aufforderungen und Licenzen zur Getreidezufuhr an die Sammelpunkte des Heeres des Königs,[2] dann aber auch Massnahmen, um den Landestheilen, in denen eine Hungersnoth ausgebrochen war, das nöthige Getreide zu sichern. Die Hauptsache war dann, ausländische oder inländische Kaufleute zur Getreideeinfuhr zu veranlassen. So kamen in der Hungersnoth von 1257-58 Kaufleute aus Deutschland und Holland,[3] in der von 1315-16 aus Frankreich, Sicilien, Spanien und Italien.[4] Allen Kaufleuten, welche die Zufuhr unternahmen, gleichviel woher, wurde der Schutz des Königs versprochen.[5] Da aber die Getreideausfuhr in den meisten andern Ländern gleichfalls verboten war, bedurfte es meist der Genehmigung des Königs des betreffenden Landes, um von dort her die gewünschte Zufuhr zu erlangen.

Umgekehrt leistete man befreundeten auswärtigen Herrschern gleichfalls den Dienst, wenn Hungersnoth bei ihnen herrschte, die Getreideausfuhr dorthin zu gestatten.[6] Indess es gehörte noch mehr zu den damaligen Forderungen internationaler Freundschaft. Lag ein befreundetes Land mit einem andern in Krieg, so verlangte es vom Freunde, dass es seinen Kaufleuten jedweden Handel, insbesondere den in Lebensmitteln und Waffen, mit den Feinden des Freundes untersage;[7] —

---

[1] Vgl. Rot. Litt. Pat. 8, a. — 30, b. — 39, b — 110, b. — 111, a.

[2] Vgl. z. B. Rot Litt. Pat. 170, b. — Rymer foedera ed. Caley et Holbrooke vol. I pars I p. 928, II p. 115, 855 u. a. a. O.

[3] Siehe Macpherson I p. 409.

[4] Macpherson I p. 482.

[5] Rymer foedera, ed. Caley et Holbrooke II p. 292.

[6] Vgl. Rot. Litt. Pat. 2, b. — 41, b. — Rymer foedera, ed. Caley et Holbrooke II p. 815.

[7] So war z. B. 1316 Frankreich in Freundschaft mit England und in Krieg mit Flandern. Deshalb wurde auch der Handel zwischen England und Flandern unterbrochen, nach Wiederherstellung des

der erste Vorläufer zu der handelspolitischen Acht, in welche die grosse Allianz Ludwig XIV. und Napoleon England versetzte.

Aber nicht nur zu Gunsten auswärtiger Herrscher werden Ausnahmen von dem Getreideausfuhrverbote gestattet, sondern ebenso zu Gunsten befreundeter Grossen des eigenen Landes und von Günstlingen, denen man, — natürlich gegen Zahlung entsprechender Licenzgebühren, — einen Vortheil zuwenden will.[1] Diese Ausnahmen gegen Zahlung von Licenzen werden besonders häufig im 14. Jahrhundert, und zwar finden sie sich nicht mehr blos zu Gunsten befreundeter Grossen und dem Könige nahestehender Personen, sondern als Mittel, um die Einnahmen des Königs zu mehren.

Das Jahr 1215 ist das Datum der Magna Carta König Johanns. Aber es währte das ganze 13. Jahrhundert bis zur Confirmatio Cartarum i. J. 1297 durch Eduard I., ehe das Königthum auf die Erhebung von Steuern, welche das Parlament nicht bewilligt hatte, verzichtete. Es geschah dies im 25. Edw. I. c. 5, 6, 7.

Allein damit hatte das Königthum nur erst die Erhebung von Steuern, welche das Parlament nicht bewilligt hatte, aufgegeben. Es war noch weit entfernt, zusammen mit dem Parlament zu regieren. Sein Augenmerk ging vielmehr dahin, seine bereits bestehenden, vom Parlament unabhängige Einnahmen zu mehren und sich neue zu schaffen. Das Hauptmittel hierzu war die Beschaffung von Geldmitteln seitens der Kaufleute. Erst als das Haus Lancaster den Thron bestieg und mit ihm ein Königthum aufkam, welches statt auf unantastbares Erbrecht auf einen parlamentarischen Rechtstitel sich stützte, war der Sieg des Parlaments vollständig.

Einige Daten aus dieser Entwicklung müssen, als auch für unsere Betrachtung wichtig, hier angeführt werden.

Die auf die Kaufleute bezügliche Stelle der Magna Carta Regis Joannis vom 15. Juni 1215 lautet: Omnes mercatores

---

Friedens zwischen Frankreich und Flandern dagegen auch der Handelsverkehr zwischen Flandern und England wiederhergestellt. Vgl. Rymer, ed. Caley et Holbrooke II p. 303.

[1] Vgl. Rot. Litt. Pat. 59, 60, 61, 62, 63, 76, 78, 79.

habeant salvum et securum exire de Anglia et venire in Angliam et morari et ire per Angliam tam per terram quam per aquam ad emendum et vendendum, sine omnibus malis toltis, per antiquas et rectas consuetudines, praeterquam in tempore guerrae, et si sint de terra contra nos guerrina; et si tales inveniantur in terra nostra in principio guerrae, attachientur sine dampno corporum et rerum, donec sciatur a nobis vel capitali justiciario nostro quomodo mercatores terrae nostrae tractentur, qui tunc invenientur in terra contra nos guerrina; et si nostri salvi sint ibi, alii salvi sint in terra nostra. In den folgenden Bestätigungen der Magna Carta durch Heinrich III. und Eduard I. ist die Stelle wörtlich gleichlautend mit der Ausnahme, dass sich hinter den Eingangsworten Omnes mercatores eingeschaltet findet: nisi publice ante prohibiti fuerint.

Unter den antiquae et rectae consuetudines, zu denen die Kaufleute zugelassen werden sollen, sind die herkömmlichen Zölle zu verstehen, die nach dem Gesetz vom 4. Juni 1204 in der angegebenen Weise erhoben wurden. Unter der mala tolta, von der die Kaufleute befreit bleiben sollen, ist dagegen zu verstehen der ausserordentliche Zoll, den die Krone in Zeiten grosser Verlegenheit von den Hauptstapelgütern, die aus dem Königreich ausgeführt wurden, erhob und der mitunter $^1/_5$, $^1/_4$ ja selbst $^1/_3$ des Bruttowerthes (bei der Wolle als Regel 40 s. per Sack oder Last) betrug.

Im Jahre 1275 wurde indess ein neues Zollgesetz mit dem Parlamente vereinbart. Der darin festgesetzte Zoll betrug von jedem Sack Wolle oder von je 300 Wollfellen eine halbe Mark und von jeder Last Leder eine Mark und wurde bei der Ausfuhr dieser Waaren erhoben. Derselbe gehörte, da er vom Parlamente bewilligt war, zu den Zöllen, zu deren Erhebung die Krone nach der Magna Carta berechtigt war, und wurde später mit dem Namen Antiqua oder Magna Custuma bezeichnet.

Allein nach den Fesseln in der Steuererhebung, welche die Confirmatio Cartarum Eduard I. auferlegt hatte, suchte er sich durch Sonderabkommen mit den Kaufleuten höhere Zolleinnahmen zu verschaffen.

Zuerst versuchte er es mit den fremden Kaufleuten und der Versuch gelang. Die Bedingungen der Uebereinkunft zeigt die sog. carta mercatoria[1] von 1303. Sie bedeutet eine Erweiterung der Privilegien der fremden Kaufleute in handelspolitischer, privat- und processrechtlicher und finanzieller Beziehung dafür, dass sie dem König gestatten, ausser den im Gesetz von 1275 festgesetzten Zöllen, der Antiqua oder Magna Custuma, weitere Zölle, die Nova oder Parva Custuma, zu erheben. Unter den handelspolitischen Privilegien, die neu bewilligt werden, ist als Neuerung besonders hervorzuheben, dass die Frist wegfällt, innerhalb welcher die fremden Kaufleute in England verweilen durften und ihre Waaren verkaufen mussten, und dass sie eingeführte Waaren, die unverkauft geblieben, wieder ausführen dürfen. Durch beide Bestimmungen wurden die heimischen Kaufleute in ihren Interessen empfindlich verletzt.

Was mit den fremden Kaufleuten gelungen war, versuchte Eduard I. wenige Monate später auch bei den heimischen Kaufleuten zu erreichen. Er entbot die Kaufleute der verschiedenen Städte nach York, um mit ihnen ein Colloquium et Tractatum zu halten, dass sie ihm gegen Zugeständniss der finanziellen und rechtlichen Vortheile, welche er den fremden Kaufleuten bewilligt habe, die Erhebung derselben neuen Zölle gewähren sollten. 42 Städte schickten Abgeordnete. Allein dieser englische Volkswirthschaftsrath liess sich nicht, gleich den Fremden, die an den Verfassungsstreitigkeiten des Landes, so lange sie ihren Vortheil fanden, allerdings kein Interesse hatten, zur Schmälerung der Autorität des Parlamentes missbrauchen. Die englischen Kaufleute dixerunt unanimi consensu et voluntate, tam pro se ipsis quam pro communitatibus civitatum et burgorum supradictorum, quod ad incrementum maltolliae nec ad custumas in praedicto brevi contentas, per alienigenas et extraneos mercatores domino regi concessas, nullo modo consentient nisi ad custumas antiquitus debitas et consuetas.[2]

Die Vortheile, welche die carta mercatoria den Fremden eingeräumt hatte, wurden von den englischen Kaufleuten, nament-

---

1 Siehe dieselbe im Anhang abgedruckt.

2 Parliamentary Writs I p. 134, 135.

lich von den Bewohnern Londons, schmerzlich empfunden, und als auf den grossen Eduard I. sein schwächlicher Sohn folgte, benutzten die Barone, welche ihre Herrschaft an Stelle derjenigen des Königs setzen wollten, die Stimmung. 1311 wurden die «Ordonnanzen» Gesetz. In Folge derselben war England bis zum Jahre 1322 thatsächlich eine Republik, aber es war eine hocharistokratische Republik. Alle Freiheiten, welche die Ordonnanzen für die Nation geltend machten, sollten nur durch die Barone gehandhabt werden. Damit die Gemeinen dies ertrugen, mussten wenigstens deren materiellen Interessen Berücksichtigung finden. Daher nehmen die Barone die Beschwerde der Städte über die Carta mercatoria dem Wortlaut nach in die Ordonnanzen auf.

Die Beschwerde[1] richtet sich gegen die unter Eduard I. eingetretene Einführung neuer und Erhöhung der alten Zölle, als deren Folge die Kaufleute seltener kämen und weniger Waaren mitbrächten und die Kaufleute länger, als früher der Fall war, im Lande verweilten, durch welches längere Bleiben ihre Waaren theuerer als früher seien. Alle diese neuen Zölle seien gegen die Magna Carta und gegen die Freiheiten der Stadt London und würden erhoben, ohne dass das Parlament sie bewilligt habe. Es sollten alle seit der Thronbesteigung Eduards I. neu eingeführten Zölle wieder beseitigt und keine Zölle erhoben werden ausser denen, die vordem bestanden, und ebenso sollten die fremden Kaufleute kommen, verweilen und gehen, wie es von Alters her gebräuchlich gewesen. — In dem 5. Edw. II. c. 11 wurde das Verlangte Gesetz.

Indess die Gemeinen bestanden nicht blos aus londoner Kaufleuten. Eine Verfassung, welche die Gemeinen auf die Rolle von Zuschauern beschränkte, hatte keine Aussicht mehr auf Bestand. Die Vernachlässigung des populären Elements gab den Freunden des Königs den Vorwand gegen die Ordonnanzen vorzugehen, und nach der Besiegung der Barone durch Eduard II. wurden am 2. Mai 1332 die Ordonnanzen wieder beseitigt.[2] Damit trat auch die Carta mercatoria wieder in Kraft.

---

[1] Rotuli Parliamenti I p. 282 Nr. 11.

[2] Siehe Statutes of the Realm I p. 190.

Allein alsbald folgte auf den Sieg des Königs i. J. 1327 sein Sturz, als die Königin einen der rebellischen Barone zum Liebhaber nahm. Da ist es nun äusserst charakteristisch, dass das Verlangen der Kaufleute nach Bestätigung der Carta mercatoria sofort wieder auftritt, in demselben Parlament, durch welches Eduard II. abgesetzt und Eduard III. als König anerkennt wird. Die Gemeinen behaupten, fruher hätten die Kaufleute, die mit ihren Waaren nach England kamen, nur 40 Tage nach ihrer Ankunft daselbst verweilen dürfen. Innerhalb dieser Zeit hätten sie ihre Waaren an dem Orte, an den sie sich begeben hatten, verkaufen müssen; und zwar durften sie an Wiederverkäufer nur dann verkaufen, wenn diese dem Orte angehörten. Dem entgegen habe der König auf den Rath schlechter Rathgeber den fremden Kaufleuten erlaubt, so lange, wie sie wollten, in England zu bleiben. Die Folge sei, dass die fremden Kaufleute mit ihren Waaren zurückhalten könnten und folglich die Waaren unerhört theuer geworden seien. Die Erlaubniss des Königs sei aber gegen die alten Gebräuche, gegen die Freiheiten Englands, gegen die Magna Carta und ohne die Zustimmung des Parlaments ertheilt, der König und das ganze Land habe Schaden von der in Folge derselben entstandenen Theuerung. Der König möge deshalb diese Erlaubniss zurückziehen und bestimmen, dass es so wie früher sein solle.[1] Der junge König oder vielmehr die ihn in Händen haben, antworteten : Soit ordene de ce par commune assent :[2] Indess erst auf dem folgenden Parlamente 1328 wird diesem Beschluss gesetzlicher Ausdruck gegeben. Erst der 2. Edw. III. c. 9 bestimmt, dass alle in England und den continentalen Besitzungen des Königs in vergangenen Zeiten errichteten Stapelplätzen mit ihren Rechten und Abgaben beseitigt und für den Handelsverkehr der fremden Kaufleute der Zustand zur Zeit der Magna Carta wiederhergestellt werden solle. Die Carta mercatoria war also abermals gefallen.

---

[1] Rotuli Parliam. II p. 9 Nr. 17.

[2] Ibidem II p. 11 Nr. 17.

Gleicht die Herrschaft der Barone von 1310-1322, die so bald nach dem mächtigen Eduard I. eintrat, der Republik Cromwells, die so rasch auf die absolute Herrschaft der Tudors folgte, so hat die Herrschaft Eduards III. und Richards II. bis zur Thronbesteigung des constitutionellen Hauses Lancaster in constitutioneller Hinsicht manche Aehnlichkeit mit der Zeit von der Restauration bis zur Thronbesteigung Wilhelms III. Karl II. kann nicht gewissenloser und verschwenderischer gewesen sein als Eduard III. In gleicher Weise kam es beiden nur darauf an, Geld zusammen zu bringen, ganz einerlei wie. Und dem entsprechend sehen wir auch den jungen Eduard, sobald er sich von der Bevormundung durch seine Mutter emancipirt hatte, auf die Politik seines Grossvaters zurückkommen, sich unabhängig vom Parlament durch Sonderverträge mit den Kaufleuten Geld zu verschaffen.

Die erste Massregel zu diesem Zwecke war der 9. Edw. III. stat. 1. cap. 1 von 1335. Darnach wird den fremden Kaufleuten, gegen Zahlung der dem Könige schuldigen Zölle, erlaubt trotz aller etwa entgegenstehender Privilegien der einzelnen Städte an allen Orten mit jedweder Waare in beliebiger Weise Handel zu treiben, zu verkaufen und zu kaufen, ein- und auszuführen; und die Städte, deren Verwaltung sie nicht gegen jedwede Störung schützt, werden mit der Beraubung ihrer Freiheiten und ihre Verwalter mit der Verpflichtung zum doppelten Schadensersatze bedroht. Dies war nicht blos eine Rückkehr zu den Bestimmungen der Carta mercatoria, sondern noch eine Verschärfung derselben. In der Carta mercatoria aber ist der Anfang zu erblicken jener Begünstigung der Fremden gegen Geld, welches sie dem König verschafften, und zum Nachtheil der heimischen Kaufleute, welche einerseits dem König möglichst ohne Parlament zu regieren ermöglichte, andererseits die einzige erklärliche Ursache ist, warum das von der Natur so sehr zum Handel begünstigte England so spät seinen eigenen Handel entwickelte, warum es so lange das Ausbeutungsobjekt italienischer, niederländischer und deutscher Kaufleute geblieben ist. Unter Eduard III. hat diese Politik der Carta mercatoria ihre höchste Ausbildung erreicht.

Es ist für unsere Zwecke nicht nothwendig des weiteren

zu verfolgen, wie sich das Verhältniss zwischen König, fremden Kaufleuten und heimischen Kaufleuten in den folgenden Jahren der Regierung Eduards III. gestaltet hat. Wenn Eduard eine Geldbewilligung seitens des Parlamentes bedarf, erlangen auch die heimischen Kaufleute Vortheile, wie z. B. 1340 wo durch den 14. Edw. III. stat. 2. c. 2 gegen Erhöhung der Zölle zugesagt wird, dass der den fremden Kaufleuten zugestandene Freihandel an den Privilegien, welche den einzelnen Städten ertheilt sind, seine Schranke finden soll, während 1350 durch den 25. Edw. III. stat. 3. c. 2 das Gesetz von 1335 wiederhergestellt wird, sammt seiner Bestimmung, dass alle den Städten ertheilten Freiheiten gegenüber dem den Fremden zustehenden Freihandel nichtig sein sollen. Es war aber nöthig, diesen constitutionellen Hintergrund der damaligen englischen Handelspolitik anzudeuten, da ohne irgend welche Ahnung von demselben auch die fiscalische Seite der englischen Getreidehandelspolitik des 14. Jahrhunderts unverständlich bleiben muss.

Während des ganzen 13. Jahrhunderts nämlich war, wie wir gesehen haben, die Ausfuhr von Getreide ohne besondere königliche Licenz verboten,[1] die Einfuhr von Getreide dagegen stets willkommen. Das Letztere bleibt auch während des 14. Jahrhunderts. Dagegen gibt 1303 die Carta mercatoria den fremden Kaufleuten eine allgemeine Licenz zu beliebiger Kornausfuhr gegen einen Werthzoll von 3 d. vom Pfund Silber. Die Finanzpolitik erringt damit den Sieg über die damalige Theuerungspolitik. Mit der Beseitigung der Carta mercatoria durch die Ordonnanzen wird auch diese Kornausfuhrlicenz i. J. 1311 wieder beseitigt, und mit der revocatio novarum ordinationum kehrt auch jene den fremden Kaufleuten gegen Entrichtung der neuen Zölle gewährte Licenz zur Kornausfuhr wieder. Im Jahre 1327 kehrt mit der Absetzung Eduards II. auch die alte Handelspolitik zurück und

[1] Es ist völlig irrig, wenn Schanz, Englische Handelspolitik I p. 638 sagt: «Die Ausfuhr (von Getreide) ins Ausland war für gewöhnlich Jedem gestattet. Nur in Nothjahren und Kriegsfällen trat die Sperre ein.»

tritt demgemäss das Verbot der Kornausfuhr ohne besondere königliche Licenz wieder in Kraft. Aber als der junge Eduard III. selbständig zu regieren beginnt, nimmt er 1335 auch die Finanzpolitik seines Grossvaters wieder auf; die fremden Kaufleute werden gegen entsprechende Vortheile, die sie dem Fiscus gewähren, nun mehr denn je begünstigt, und damit wird abermals die Kornausfuhr gegen Zahlung der erhöhten Zölle gestattet. Dabei treten für Eduard III. die Gesichtspunkte der Theuerungspolitik so sehr hinter das fiscalische Interesse zurück, dass selbst in Jahren der Hungersnoth an dieser Erlaubniss zur Kornausfuhr nichts geändert wird, — etwas, was auch nicht überraschen kann bei einem Monarchen, der das königliche Privileg des Ankaufs zu beliebigem Preise so missbraucht, dass wo er oder seine Agenten nahen, die Bevölkerung flieht.[1] Ja nachdem der König im Jahre 1340 gegen entsprechende Concessionen den Handel, und damit auch den Getreidehandel, der Fremden wieder den durch die städtischen Privilegien gezogenen Schranken unterworfen hatte, gestattete er im Jahre 1350 gegen Zahlung der ihm zu entrichtenden Abgaben den Fremden die Ausfuhr von Getreide, trotzdem in Folge der Pest von 1348 eine furchtbare Noth und allgemeine Auflösung eingetreten war.[2] Nicht Theuerung und nicht Noth konnten somit Eduard III. bewegen,[3] die Privilegien der Fremden zu beschränken, welche für seinen Fiscus ebenso vortheilhaft wie für diese waren. Dies geschah nur, wenn er, um Geldbewilligungen zu erlangen, die Wünsche seiner Unterthanen berücksichtigen musste, oder wenn er sich im Kriege mit einem Lande befand. So verbot er 1339, während des Krieges mit Schottland die Getreideausfuhr dorthin[4] und schloss dagegen Kontrakte mit Unternehmern um die Verproviantirung

---

[1] Vgl. Stubbs, Constitutional History of England. vol. II, p. 403, 404, 535 ff.

[2] Vgl. Knighton's Chronicle, Hist. Anglic. Script. London 1652 p. 2599 ff. — Rogers, History of agriculture and prices I p. 246.

[3] Die Darstellung von Schanz, Englische Handelspolitik I p. 638 ist demnach durchweg unglücklich konjekturirt.

[4] Rot. Parl. II p. 106 Nr. 20.

seiner dort befindlichen Armee zu sichern.[1] Noch häufiger aber werden diese Verbote während des Krieges mit Frankreich. Zuerst wurden 1355 die Behörden durch Proklamation[2] angewiesen keine Getreideausfuhr zu gestatten, ausser nach Calais. Als dann der Krieg 1359 aufs Neue entbrannte, wurde das Verbot 1360 in einem Gesetz (dem 34. Edw. III. c. 20) wiederholt, nur dass hier unter den Orten, zu denen die Ausfuhr gestattet wurde, ausser Calais noch die Gascogne und «solche besondere Orte, welche der König mit Korn aus England zu versorgen hat,» genannt wurden. Das Verbot wurde 1361,[3] 1362,[4] 1363[5] und 1366[6] durch neue Proklamationen eingeschärft. Und es fallen auch in die Zeit[7] zwischen 1360 und 1369 die Bestimmungen im Liber niger admiralitatis,[8] in denen die Bestrafung Aller angeordnet wurde, welche ohne besondere Licenz Getreide ausführten ausser nach den damals in englischem Besitze befindlichen Städten Bayonne, Bordeaux, Brest, Calais, etc.

Dagegen ist es bemerkenswerth, dass als auf dem Parlamente im 38. Jahre Eduards III. (1364/65) die Gemeinen des Nordens verlangten, es möge verboten werden, dass irgendwelche Lebensmittel und Getreide aus dem Norden Englands nach Schottland ausgeführt würden, da das Getreide in diesen Marken so theuer sei, dass die armen Gemeinen an Lebensmitteln grossen Mangel litten, der König nur antwortete, er wolle seinen Rath über die Sache vernehmen.[9] Wohl aber werden wir später neuen Klagen über die den Schotten ertheilten Licenzen zur Getreideausfuhr begegnen.

Mit dem Beginn der siebenziger Jahre macht sich indess das schärfere Auftreten der Gemeinen gegen die Willkür des

---

[1] Ibidem II p. 109 Nr. 25.
[2] Rymer foedera, ed Caley et Holbrooke, vol. III pars I p. 298.
[3] Rymer foedera, ed. Caley et Holbrooke, vol. III pars II p. 603.
[4] Ibidem p. 683.
[5] Rotuli parliam. II p. 277 Nr. 16 und Rymer, loc. cit. p. 710.
[6] Rymer, loc. cit. p. 794 und 797.
[7] Twiss, The black book of the admiralty. London 1871 vol. I p. XXXVIII.
[8] Ibidem p. 87.
[9] Rot. Parliam. II p. 287 Nr. 22.

Königs und seiner Verwaltung auch in der Getreidehandelspolitik geltend.

So 1371, als es sich darum handelte, den Krieg mit Frankreich mit erneuter Energie fortzusetzen. Der König hatte am 8. Februar 1371 eine Proklamation an die Militär- und Civilbehörden der Insel Wight erlassen, in der er jedwede Ausfuhr aus der Insel verbot.[1] Dies hiess also die Getreideausfuhr selbst aus einem Landestheil in einen andern untersagen. Aehnlich hatte man früher[2] Lebensmittelmärkte in Kent verboten, damit das Heer, das sich von dort nach Frankreich einschiffen sollte, nicht der Lebensmittel entbehre. Da begehrten die Gemeinen[3] in jenem Parlamente von 1371, von dem die grössten Geldopfer zum Zweck der Kriegführung verlangt werden mussten,[4] «dass Jedwedem, ohne durch irgendwelche entsprechende Verordnung beschränkt zu sein, entsprechend dem gemeinen Rechte erlaubt sein möge, alle Arten von Getreide, Lebensmitteln und Waaren im ganzen Königreiche zu verkaufen und zu kaufen, wie sie es bisher gethan, ohne durch irgend welche Kommission des Königs darin beschränkt zu werden.» Der König bewilligte das Begehren.[5]

---

[1] Rymer foedera, ed. Caley et Holbrooke, vol. III pars II p. 911.

[2] Rymer, loc. cit. vol. III pars I p. 448.

[3] Rotuli Parliam. II p. 305 Nr. 22.

[4] Vgl. Stubbs, Constit. History II p. 420.

[5] Merkwürdiger Weise stellt Schanz (Englische Handelspolitik I p. 639) es so dar, als hätten die Gemeinen mit diesem ihrem Begehren die «Wiederherstellung der im gemeinen Recht begründeten Handelsfreiheit» verlangt; er lässt den König die Bitte gewähren und diese Handelspolitik entgegen den gleich zu erwähnenden Bitten der Gemeinen im Jahr 1376 um Erneuerung der Ausfuhrbeschränkungen festhalten. — Allein, soweit die urkundlichen Nachrichten reichen, findet sich in den vorausgegangenen Jahrhunderten keine «im gemeinen Recht begründete Handelsfreiheit», welche hätte wieder hergestellt werden können; wir finden nichts als Ausfuhrverbote, Ausfuhrlicenzen, Privilegien der Fremden, Privilegien der Städte. Ferner spricht die Petition blos von Wiederherstellung des früheren Rechts, «im Königreiche» zu verkaufen und zu kaufen ohne Beeinträchtigung durch eine königliche Commission; mit dem auswärtigen Handel hat sie also gar nichts zu thun. Endlich, schon vor dem Jahre 1376, in welchem Eduard III. die 1371 angeblich wiederher-

Allein noch bemerkenswerther sind die Petitionen der Gemeinen auf den Parlamenten von 1376, 1382 und 1383. An Ausfuhrverboten hatte es seit Beginn des Kriegs gegen Frankreich in der That nicht gefehlt. Allein alle hatten nur die Ausfuhr verboten «ohne besondere Licenz» des Königs. Und so hatte die Ausfuhr trotz aller Verbote nicht aufgehört; denn solche Licenzen wurden gegen die Entrichtung der entsprechenden Summen ertheilt, und die damals wieder auftretenden Klagen der Gemeinen zeigen, dass von diesem Mittel zur Mehrung der Einnahmen der ausgiebigste Gebrauch gemacht worden war. Daher richtete sich das Vorgehen der Gemeinen nunmehr vor Allem auf Beschränkung des Rechts der Krone, Licenzen zu ertheilen.

Das «Gute Parlament» von 1376 war eine jener grossen Abrechnungen des Volks mit der Krone, wie sie in der englischen Geschichte wiederholt vorgekommen sind. Alle die grossen Missbräuche, namentlich in der Staatswirthschaft, welche unter Eduard III. zur vollsten Blüthe gelangt waren und bei denen trotz aller Erpressungen der König doch arm geblieben, wurden vorgebracht und Abhülfe verlangt. So finden wir denn auch das Begehren,[1] «in Anbetracht der grossen Theuerung des Getreides, die seit lange im Königreich herrsche und in Anbetracht der zahlreichen Patente und Licenze, die sowohl Schotten, Fremden und Engländern bewilligt worden seien, möge durch Gesetz bestimmt werden, dass von nun an kein Getreide auf Grund eines Patents, einer Erlaubniss oder Licenz irgend welcher Person aus dem Königreiche ausgeführt werden dürfe

---

gestellte Handelsfreiheit gegenüber den Gemeinen aufrecht erhalten soll, nämlich durch eine Proklamation vom 2. November 1374 hat er ein neues Getreideausfuhrverbot ergehen lassen und dasselbe am 1. März 1375 wiederholt. (Vgl. Rymer, loc. cit. vol. III pars II p. 1016 u. 1026.) Dagegen gab die Krone dem Begehren der Gemeinen von 1376 keine Folge, weil dasselbe wie die meisten Begehren des «Guten Parlaments» auf Beschränkung der Vorrechte der Krone ging, weshalb auch kein einziges Gesetz auf Grund der von diesem Parlamente gestellten Begehren die Genehmigung der Krone erhielt. (Vgl. Stubbs, Constitutional History II p. 435.)

[1] Rotuli Parliam II p. 350 Nr. 156.

ohne Zustimmung und Anordnung des Parlaments, ausser nach Calais und nach anderen englischen Besitzungen. Und wenn Einer, wer immer er sei, selbst oder durch Andere, sei es mit Licenz oder anderer Erlaubniss oder ohne solche, dawider handle, sollten sein Getreide und alle seine Waaren dem König verfallen. Indess so, dass jedweder Unterthan des Königs, der das besagte Getreide zuerst fasse und festhalte, den dritten Theil desselben erhalten solle und den Rest der Vicecomes oder Baillivus des Königs.» Wie das ganze Parlament von 1376 resultatlos verliess, so hatte auch dieses Begehren nur eine principielle Bedeutung. Die Antwort des Königs lautete ablehnend, und während die Gemeinen der Grafschaften in dem «Guten Parlamente» die Führung hatten,[1] vertrat sie die Ablehnung mit kaufmännischen Gesichtspunkten. «Die Unterthanen des Königs sollen frei sein, ihre Waaren dahin zu führen, wohin es ihnen im Interesse ihres Gewinnes am Besten scheint, ausser zur Zeit, da der bleibende Rath ein Ausfuhrverbot erlassen haben sollte.» In Wirklichkeit hiess dies nichts anderes als die Krone wolle nicht auf die mit der Getreideausfuhr verbundenen Licenzen verzichten.

Und auch nach der Thronbesteigung des minorennen Richard II. blieb es beim Alten. Im Jahre 1378 wurden sogar die Privilegien der fremden Kaufleute in dem Umfang des Gesetzes von 1335, wonach alle denselben entgegenstehenden Privilegien der englischen Städte nichtig sein sollten, aufs Neue bestätigt.[2] Und als im Jahre 1382 die Gemeinen der Grafschaften York und Lincoln zusammen mit allen Städten und Flecken sich beklagten,[3] dass in Folge verschiedener gewährter Patente ihr Getreide in so grossem Masse aus dem Königreiche ausgeführt werde, dass Theuerung im Lande entstanden sei und zur Zeit ein grosser Schaden bestehe und noch grösserer zu erwarten sei, wenn nicht Abhülfe geschaffen werde, und daher vom König verlangten, er möge davon ab-

---

[1] Vgl. Stubbs, Consist. History II p. 434.
[2] Rot. Parliam. III p. 47 Nr. 74.
[3] Rot. Parliam. III p. 141 Nr. 54.

stehen, solche Patente zu erlassen, die erlassenen widerrufen und in diesem Parlamente verordnen, dass keine mit Getreide beladene Schiffe zum Verkauf oder zur Ausfuhr ausserhalb des Königreichs auslaufen dürften ausser nach Calais, Berwick oder Bordeaux, so erliess der König zwar, — es war soeben im Jahre 1381 der Aufstand der Gemeinen unter Wat Tyler vorhergegangen, — eine Proklamation,[1] in der er die Getreideausfuhr verbot, hielt darin aber an dem Rechte Licenzen zur Ausfuhr zu ertheilen ausdrücklich fest. Und ganz ebenso war der Verlauf der Petition[2] der Gemeinen von 1383, auf Grund deren das Gesetz 7. Ric. II c. 16 erlassen wurde, welches die Getreideausfuhr aufs neue verbietet, aber an dem königlichen Rechte, Licenzen zur Ausfuhr zu ertheilen, festhält.

§ 3. Am Ende des 14. Jahrhunderts tritt eine auffallende Wandlung ein in den Verhältnissen, die wir bisher betrachtet haben: die Gemeinen, welche bislang so heftig gegen jede Getreideausfuhr geeifert haben, werden in agrarischem Interesse nun ebenso eifrige Befürworter derselben.

Angesichts der Dürftigkeit der Quellen kann die Ursache dieser Wandlung nur aus den allgemeinen Verhältnissen erschlossen werden.

Im Jahre 1388 hatte das «unbarmherzige Parlament» die Herrschaft der Günstlinge Richards II. beseitigt, und nachdem Richard am 3 Mai 1389 zur allgemeinen Ueberraschung erklärt hatte, dass er, da er nicht mehr minderjährig sei, nunmehr selbst regieren wolle, regierte er auch acht Jahre lang England als konstitutioneller König.[3] Es ist möglich, dass, wie die Miss-

[1] Rot. Parliam. III p. 396 Nr. 20. Schanz, Englische Handelspolitik I p. 640 hat, — wahrscheinlich in Folge einer Verwechslung der Ziffer der Seite, auf welcher die Proklamation in den Rot. Parl. abgedruckt ist, mit der Jahreszahl derselben, — die Proklamation in das Jahr 1396 statt in das Jahr 1382 (6. Ric. II) verlegt. Hierdurch allerdings erhebliche Unrichtigkeiten in seiner Darstellung.

[2] Rot. Parl. III p. 164 Nr. 59.

[3] Vgl. Stubbs, Constit. Hist. II p. 482, 483.

bräuche der früheren Finanzverwaltung einen Hauptanlass zur Unzufriedenheit gegeben hatten, eine der Ursachen der nunmehr eintretenden Zufriedenheit deren Beseitigung war, und dass auch die missbräuchlichen Ausfuhrlicenzen damit in Wegfall kamen. Allein wenn auch das konstitutionelle Interesse der Gemeinen dadurch gewahrt wurde, so scheint es dass man sich an die Getreideausfuhr, die denn doch, einerlei ob konstitutionell oder nicht, wirklich stattgefunden hatte, so sehr gewöhnt hatte, dass die Grundbesitzer sich in ihren Interessen geschädigt sahen, als die Ausfuhrlicenzen nunmehr wegfielen und das gesetzliche Ausfuhrverbot zur Wirklichkeit ward.

Wenigstens bitten die Gemeinen [1] i. J. 1393, in Anbetracht dessen, dass es verboten sei, irgend welche Art von Getreide aus dem Königreiche auszuführen oder zu verschiffen ohne besondere Licenz des Königs und folglich die Gemeinen ihr Getreide zu so niedrigem Preise verkaufen müssten, dass sie ausser Stand seien, ihre Renten und anderen auf dem Boden haftenden Lasten zu zahlen, möge es dem Könige gefallen, allen seinen Unterthanen Licenz zu ertheilen zur freien Ausfuhr ihres Getreides, wohin immer sie wollten, ausser zu den Feinden, gegen Entrichtung der Ausfuhrzölle. Darauf erfolgte das Gesetz 17, Ric. II. c. 7, wodurch die gewünschte allgemeine Ausfuhrlicenz ertheilt wurde, indess unter dem Vorbehalt, dass es dem Rathe des Königs zustehen solle, die Getreideausfuhr zu beschränken, wenn er dies als durch das Interesse des Reiches geboten erachte.

Von da an verschwinden die Klagen über Ausfuhrlicenzen für ein Menschenalter aus den Urkunden. Selbst in der kurzen Zwischenzeit zwischen Richards Anwandlungen von Stuart'schen absoluten Herrschergelüsten und seiner Absetzung, (1397—1399) treten sie nicht auf. Begreiflicherweise finden sie sich noch weniger unter dem konstitutionellen Regiment des Hauses Lancaster. Sah sich doch Heinrich IV. entsprechend seinem lediglich parlamentarischen Rechtstitel genöthigt, dem Parlament Concessionen zu machen, welche an die Preisgebung

---

[1] Rot. Parl. III p. 320 Nr. 39.

des Königthums streiften.[1] Ja noch mehr! Sogar seinen Beichtvater bequemte er sich, dem Wunsche des Parlaments folgend, zu wechseln.[2] Und dabei muss man sich gegenwärtig halten, dass es der grundbesitzende Adel war, welcher damals im Parlamente den Ton angab.

Erst nach der glorreichen Regierung Heinrichs V., zur Zeit der Minderjährigkeit Heinrichs VI. scheint die Verwaltung von dem Vorbehalte des 17. Ric. II. c. 7 einen Gebrauch gemacht zu haben, welcher die für die Getreideausfuhr allein in Betracht kommenden, an der See gelegenen Grafschaften belästigte. Es klagten[3] die Gemeinen i. J. 1425, «während sie und insbesondere die Gemeinen der Grafschaft Kent gewohnt wären, alle Arten von Getreide und Vieh und andere Lebensmittel nach Calais, Guienne und an andere überseeische Orte in der Picardie an die dortigen Leute des Königs zu senden und zu verkaufen, sowie Getreide und andere Waaren nach Bordeaux und an andere überseeische Plätze ohne Behinderung oder Licenzen, könnten sie in letzter Zeit weder Korn noch Vieh nach den gedachten Orten ohne Licenz des Kanzlers von England senden und verkaufen zur grossen Behinderung und Verarmung besagter Gemeinen.» Sie verlangten daher ein Gesetz, welches die Ausfuhr von Korn, Vieh und anderen Waaren ohne Licenz des Kanzlers oder irgend welches anderen Beamten, selbstverständlich gegen Entrichtung der üblichen Zölle gestatte. Darauf erfolgte der 4. Hen. VI. c. 5, der das Gesetz von 1393 (17. Ric. II. c. 7) wörtlich wiederholte, zum Schluss aber den Vorbehalt hinsichtlich der Befugniss des Rathes des Königs, die Getreideausfuhr zu beschränken, wenn es im Interesse des Reiches sei, mit besonderem Nachdruck wiederholte.

Allein der Gebrauch, welchen der königliche Rath von dieser diskretionären Befugniss machte, scheint den Wünschen der Grundbesitzer wenig entsprochen zu haben, und sie suchten sie daher durch eine mechanische Massregel zu ersetzen. Im

[1] Vgl. Stubbs, Constit. History III p. 56.
[2] Rot. Parl. III p. 525 Nr. 16.
[3] Rot. Parl. IV p. 307 Nr. 37.

Jahre 1436 klagten die Gemeinen,[1] «da es durch Gesetz bestimmt sei, dass Niemand ohne Licenz des Königs Korn aus England ausführen könne, könnten Pächter und andere Leute, welche ihr Land bearbeiteten, ihr Korn nur zu niedrigen Preisen verkaufen, zum grossen Schaden des ganzen Königreichs», und deshalb verlangten sie «dass es Jedermann erlaubt sein solle, jede Art von Getreide oder Korn aus diesem Königreiche, wohin es ihm gefalle, ausser zu den Feinden des Königs, ohne jedwede Licenz und nur gegen Entrichtung der Zölle auszuführen und zu verschiffen, so oft und so lang der Quarter Weizen nicht mehr als 6 s. 8 d. und der Quarter Gerste nicht mehr als 3 s. koste.»

Durch den 15. Hen. VI. c. 2 von 1436 wurde das Begehrte probeweise Gesetz, bis zum nächsten Parlament. Allein 1439 war eine Theuerung, und der königliche Rath verbot nun nicht nur die Ausfuhr aus dem Königreiche, sondern auch von einer Stadt und einer Grafschaft in die andere. Darauf beschwerten sich die Gemeinen, dass hierdurch nicht nur den armen Leuten durch Vermehrung der Theuerung, sondern auch denen, welchen die Ernte reichlich gerathen sei, grosser Schaden erwachse, und baten um Freigebung des Binnenhandels in Getreide. Der Bitte wurde keine Zusage zu Theil.[2] Erst nachdem die Theuerung verschwunden war, im Jahre 1442, als sich die «am Meere gelegenen Grafschaften» beklagten,[3] dass sie ihr Getreide nicht verkaufen könnten ausser durch überseeische Ausfuhr, wurde auf ihre Bitten das Gesetz von 1436 durch den 20. Hen. VI. c. 6 auf 10 Jahre verlängert. Allein bereits 1444 wurde die Petition[4] wörtlich wiederholt mit dem Verlangen, das Gesetz auf ewig zu erlassen, was dann in demselben Jahre durch den 23. Hen. VI. c. 5 geschah. — Um dieselbe Zeit wurde den Grundbesitzern eine andere Berücksichtigung ihrer Interessen zu Theil. Butter und Käse gehörten zu den Waaren, welche

---

[1] Rot. Parl. IV p. 500 Nr. 21.
[2] Rot. Parl. V p. 31 Nr. 57.
[3] Rot. Parl. V p. 54 Nr. 23.
[4] Rot. Parl. V p. 107 Nr. 33.

nach den Gesetzen Eduards III. und Richards II. nur nach den Stapelplätzen ausgeführt werden durften. Im Jahre 1439 wurde ihre Ausfuhr durch den 18. Hen. VI c. 3 freigegeben.

Indess alsbald verlangten die Grundbesitzer nicht mehr blos Berücksichtigung sondern auch künstlichen Schutz ihrer Interessen. In den Parlamentsberichten des Jahres 1463 finden wir das erste Verlangen nach einem Getreideeinfuhrverbot.[1] Es baten die Gemeinen, dass, in Anbetracht, dass die Bauern und diejenigen, welche sich in diesem Reiche mit Ackerbau beschäftigten, täglich dadurch geschädigt würden, dass trotz niedriger Preise Getreide in dieses Reich eingeführt werde, von nächste Johanni an Niemand erlaubt sein solle, Weizen, Roggen oder Gerste nach England einzuführen, welche nicht in England, auf einer dazu gehörigen Insel, in Irland oder Wales gewachsen seien, so lange als am Landungsort des Getreides der Quarter Weizen 6 s. 8 d., der Quarter Roggen 4 s., der Quarter Gerste 3 s. nicht übersteige, bei Strafe der Confiscation des eingeführten Getreides, wovon die Hälfte dem König, die Hälfte dem Angeber. Ausgenommen solle nur sein das durch einen englischen Unterthan auf der See erbeutete Getreide. Durch das Gesetz 3 et 4 Edw. IV. c. 2 von 1463 wurde das Verlangte Gesetz.

So hat bereits im Mittelalter mit dem Aufkommen der Herrschaft des Parlaments das in diesem massgebende Interesse sowohl das Interesse der Masse als auch das fiskalische Interesse der Krone sich zu unterwerfen verstanden. Und es ist bemerkenswerth, dass, wie die ersten Regungen des modernen Staats überhaupt so auch die des Merkantilismus unter Eduard IV. fallen, es gerade der damalige Haupterwerbszweig von England, der englische Ackerbau war, zu dessen Gunsten zuerst merkantilistische Massregeln erlassen wurden.

---

[1] Rot. Parl. V p. 504 Nr. 19.

III.

Die englische Getreidehandelspolitik von den Tudors bis zur Einführung der parlamentarischen Regierung.

Es ist das Schicksal Englands gewesen, dass es seit der normännischen Eroberung die Entwickelung vom Absolutismus zur parlamentarischen Regierung zweimal zurücklegen musste. Zwischen dem Parlamentarismus des Feudalstaats und dem des achtzehnten Jahrhunderts liegen der Absolutismus der Tudors und die Kämpfe des Parlaments mit den Stuarts. Auch in der Getreidehandelspolitik des 16. und 17. Jahrhunderts zeigen sich die Spuren dieser Entwickelung. Es treten dabei Erscheinungen hervor, die an analoge Vorgänge in der Zeit zwischen dem 12. und 15. Jahrhundert erinnern. Daneben machen sich selbstverständlich entsprechend den vorgeschritteneren politischen und wirthschaftlichen Verhältnissen auch neue Momente geltend.

Bekanntlich bedeutet die Wiederherstellung des legitimen Herrscherhauses von York, welche mit der Thronbesteigung Eduard IV. stattfand, in doppelter Hinsicht eine Vorbereitung zur königlichen Politik des 16. Jahrhunderts: in der Herabdrückung des Einflusses des Parlaments und in der Begünstigung des beweglichen Besitzes und seiner Interessen im Gegensatz zum Feudaladel. « Schonet das Volk und tödtet die Herren » war nicht blos auf dem Schlachtfeld die Politik Eduards IV., sondern auch wo es um innere Fragen sich handelte. Seine Parlamente waren wie die Richards III. Parlamente von Jasagern. Und wer weiss, ob das Parlament 1463 das Einfuhrverbot für fremdes Getreide, sobald der Getreidepreis eine gewisse Höhe nicht erreiche, von dem Könige, der, wie die Medicäer, eigene Kaufmannsschiffe zum Handelsbetrieb in fernen Ländern ausrüstete, erlangt haben würde, hätte Eduard zur Zeit seines Erlasses schon fest auf dem Throne gesessen. Aber erst 1471 fand die Schlacht von Tewkesbury statt.

Unter den Tudors gelangt dann die begonnene Entwickelung zur Vollendung. Der grossgrundbesitzende Adel, der die Parlamente des 14. und 15. Jahrhunderts beherrscht hatte, war in den Rosenkriegen aufgerieben worden und, was diese übrig gelassen hatten, wurde von Heinrich VII. vernichtet. Finanziell unabhängig vom Parlament, galt es der neuen Dynastie diese Unabhängigkeit zu bewahren und zu mehren, um auch politisch vom Parlamente unabhängig zu bleiben. Zu dem Zweck wurden alle alten Prärogativen der Krone, welche eine Einnahme abwarfen, aufs Aeusserste ausgenutzt und die Schaffung neuer Prärogativen erstrebt. Dabei suchte man Halt im Volk durch Begünstigung seiner materiellen Interessen, namentlich derjenigen des Bürgerthums. Das letztere zeigte sich in dem seit Eduard IV., besonders aber seit den Tudors immer stärker werdenden, schon oben (S. 25 ff.) erwähnten Streben, die Hauptindustrie des Landes, die Tuchmanufaktur zu fördern und in dem seit Elisabeth namentlich hervortretenden Streben nach Hebung der Schifffahrt.

Beide Bestrebungen zeigen sich in ihren Wirkungen auch in der eingeschlagenen Handelspolitik.

Vor allem kehren die Ausfuhrlicenzen zurück, deren Rolle unter den Plantagenets uns ja bekannt ist. Am 19. September 1491 verbot Heinrich VII. wegen des angeblich beabsichtigten Krieges gegen Frankreich und des in den letzten Jahren hervorgetretenen Getreidemangels (die Weizenpreise standen 14 s. 8 d.) jede Getreideausfuhr, für die der königliche Rath nicht eine Licenz ausgestellt habe;[1] und gewiss ist Schanz im Recht,

---

[1] Gairdner, Letters and Papers of Richard III and Henry VII vol. II p. 372.

wenn er als sicher annimmt,[1] dass Heinrich VII. «von dem für seine Kasse nicht uneinträglichen System während seiner übrigen Regierungszeit nicht mehr abliess.» Wie Schanz, der die Zeit des Tudors besonders durchforscht hat, weiter schreibt, untersagte Heinrich VIII. 1512, als der Krieg gegen Frankreich bevorstand, gleichfalls die Ausfuhr von Weizen und anderen Lebensmitteln ganz und gar. Und zwar fand Schanz in den publicirten Staatsdokumenten vor 1515 kaum eine Licenz; von da ab fand er sie mit einer gewissen Regelmässigkeit, und zwar sowohl wenn der Weizenpreis unter als auch wenn er über 6 s. 8 d. stand. Macpherson[2] berichtet ferner von einem Dekret der Sternkammer an die Stadt London vom Jahre 1530, worin sowohl über die Ueberschwemmung des Landes mit fremden Industrieprodukten als auch über die grosse Ausfuhr von Lebensmitteln und darunter Korn Klage geführt wird; und 1533 erfolgte dann der 25. Hen. VIII. c. 2., welcher jedwede Ausfuhr von Korn und anderen Lebensmitteln, ausser nach Calais, ohne Licenz des Königs verbot. Damit war das Gesetz von 1444 also auch gesetzlich wieder beseitigt. Und es verschlug wenig, wenn seine Bestimmungen im Jahre 1554 unter der Königin Maria (1 et 2. Phil. et Mar. c. 5) gesetzlich wieder eingeführt wurden, denn nach denselben sollte eine Licenz ja allzeit nothwendig sein, wenn der Quarter Weizen mehr als 6 s. 8 d., der Quarter Roggen mehr als 4 s., der Quarter Gerste mehr als 3 s. kostete. Der Weizenpreis aber betrug seit 1530 nie weniger als 6 s. 8 d. Aus eben diesem Grunde war aber auch das Einfuhrverbot von 1463, wenn der Quarter Weizen weniger als 6 s. 8 d. koste, auch ohne formell abgeschafft zu sein, praktisch bedeutungslos geworden. Und dass solche Einfuhr in der That damals stattfand, geht, um von anderen Quellen abzusehen, vor allem aus dem Gesetze von 1552 (5 et 6 Edw. VI. c. 14) hervor, durch welches das Aufkaufen von Lebensmitteln, die über die See kommen, und darunter auch von Korn, verboten wird.

---

[1] Englische Handelspolitik I p. 641.
[2] Annals of Commerce II p. 71.

Von Heinrich VII. bis zu Elisabeth war also theils aus fiscalischen Gesichtspunkten, theils aus Gründen der Theuerungspolitik die Getreideausfuhr ohne Licenzen verboten, die Einfuhr von Getreide thatsächlich erlaubt. Auch die freie Ausfuhr von Butter und Käse, welche 1444 erlaubt worden war, war 1554 durch den 1. Phil. et Mar. c. 5 an besondere Licenzen geknüpft worden.

Die agrarische Wirthschaftspolitik der Parlamente des 15. Jahrhunderts war also völlig preisgegeben worden und an ihre Stelle war, wie zahllose Gesetze, besonders zu Gunsten der Tuchmanufaktur, zeigen (vgl. oben S. 25-27), ein energisches Industrieschutzsystem getreten. Im Gefolge des letzteren traten nun aber agrarische Veränderungen ein, welche von den Tudors keineswegs mit freudigen Augen betrachtet wurden.

Wenn die Tuchmanufaktur so über die Massen getrieben wurde, wie es geschah, mussten die Wollpreise steigen und dem entsprechend die Schafzucht etwas äusserst vortheilhaftes werden. Je grössere Schwierigkeiten andererseits dem Absatz des Getreides durch Ausfuhrerschwerungen und Begünstigung der Einfuhr wurde und je mehr überhaupt das Streben dahin ging, die Preise der Lebensmittel zu drücken, desto geringeren Gewinn musste der Ackerbau abwerfen. Dem entsprechend die Erscheinung, welche das 16. und 17. Jahrhundert in England beherrscht: die stete Ausbreitung des Weidelands auf Kosten des Ackerlands und damit in Verbindung die stete Minderung der Bauern.

Die erste Nachricht, die in den Gesetzen hierüber auftaucht, ist aus dem Jahre 1487.[1] Dann erschien 1516 die Utopia des Thomas Morus mit ihrer berühmten Schilderung der Männer verzehrenden Schafe. Von da ab nehmen aber die Klagen über diese Veränderung und die dagegen erlassenen Gesetze in einem Maasse zu, dass es einer besonderen Abhandlung bedürfen würde, wollte man ihre Geschichte verfolgen. Besonders das Eindringen des kaufmännischen Elementes in die Klasse der Grundeigenthümer[2] und der Besitzwechsel,

---

[1] 4. Hen. VII c. 19, für Wight besonders c. 16.

[2] Vgl. oben die Anmerkungen auf pp. 22, 23.

welcher im Gefolge der Confiscation der Güter der Klöster und Stiftungen[1] eintrat, beförderten, indem nun das Streben nach dem grösstmöglichen Gewinn an Stelle der herkömmlichen Bewirthschaftungsweise trat, die schon früher begonnene Veränderung. Viele kleine Bauerngüter wurden zu einer einzigen Wirthschaft vereinigt, die Bauernhäuser wurden niedergelegt, das Ackerland in Weideland verwandelt,[2] ja wir hören sogar 1549, dass die Tuchfabrikation auf diese grossen Landgüter zu ziehen begann, auf denen dann neben der Schafzucht sofort auch die Wollverarbeitung stattfand.[3]

Da sehen wir Heinrich VII. eine Politik einschlagen, über welche uns kein Geringerer als der grosse Baco von Verulam in Worten berichtet,[4] die in jeder Schrift über die Bauernpolitik der preussischen Könige des 18. Jahrhunderts ihren Platz finden könnten. Sein 1487 erlassenes Gesetz hatte «offen (apparently) die Bevölkerung, wenn man es aber durchschaut, die Soldaten und die Militärmacht des Reiches im Auge.» «Der König wusste sehr wohl und vergass in keiner Weise, dass mit all' dem (der Verwandlung von Acker- in Weideland und dem damit verbundenen Bauernlegen) ein Verfall und eine Minderung des Steuerertrags eintrete; denn je mehr gentlemen, desto geringer allzeit der Steuerertrag.» Ferner habe Heinrich gewusst, dass die kriegstüchtigsten Länder diejenigen seien, in denen das Heer aus einer grossen Anzahl wirthschaftlich

---

[1] Vgl. die p. 23 Note 1 citierte Geschichte des Bauernaufstands in Norfolk. p. 2 und passim; ferner W. Stafford, in der oben p. 22 citirten Ausgabe seines Dialogs durch die New-Shakespere Society p. 33.

[2] Dies die Schilderung des Hergangs, wie sie stattfindet zuerst 1487 in dem 4 Hen. VII c. 16 u. 19, und dann in allen Nachrichten in den dazwischen liegenden Jahrhunderten bis zu A. Young's Political Arithmetick p 102-104.

[3] Siehe Le Débat des Hérauts d'Armes in den Veröffentlichungen der Société des anciens textes français. Paris 1877 p. 105.

[4] Siehe die Einleitung des 4. Hen. VII c. 16 u 19. Der Kommentar Bacon's zu diesem Gesetze steht in seiner Geschichte Heinrichs VII., abgedruckt in A complete history of England with the lives of all the Kings and queens thereof from the earliest account of time to the death of his late Majesty King William III. vol. I. London 1706 p. 596.

selbständiger Männer bestehe, nicht aber Staaten bestehend lediglich aus Adel und gentlemen und daneben aus besitzlosen Arbeitern, so dass sie zu geworbenen Miethstruppen, zu Schweizern, ihre Zuflucht nehmen müssten. «So säte der König heimlich Drachenzähne, aus denen die gewappneten Männer für den Dienst des Reichs erwachsen sollten.» Und so lange die nachfolgenden Herrscher ein Interesse hatten, diese in den Bauern steckende Kriegsstärke aufrecht zu erhalten, suchten sie diese Verwandlung des Ackerlands in Weideland zu hindern, und erst als zur Zeit Marlborough's die Ansicht aufkam, dass der Krieg einfach eine Sache des Geldes sei,[1] wurden die Bauern auch von der Gesetzgebung preisgegeben.[2]

Die gesetzgeberischen Massnahmen gegen die Verwandlung von Ackerland in Weideland bestanden in Verboten unter Androhung von Confiscation[3] und Befehlen zur Rückverwandlung in Ackerland und zum Wiederaufbau der Häuser! Aber wie hätte eine solche Gesetzgebung Erfolg haben sollen, wenn die gesammte Finanz- und Wirthschaftspolitik darauf angelegt war, die Schafzucht rentabel und den Ackerbau verlustbringend zu

---

[1] Vgl. die oben p. 41 citierte Stelle aus Davenant; ferner Petty, Polit. Arithm p. 30; A. Young, Polit. Arithm. pp. 47, 48, 269. Young sagt von den kleinen Bauern: «In the early times of the Roman republic they were of great use, for the more the men the greater the tax they paid, viz the personal service in arms. This distinction is so strong, that the same division of land, which in one case, was a political excellence, is, in the other, a political evil. It is of no consequence to say, that the little portion of land is perfectly cultivated, if its perfection is of no benefit to the state. Hence arises the necessity of distinguishing between the practice of agriculture as a mere means of subsistence and practising it as a trade. The former is of no benefit to a modern state, the latter of infinite importance.» Man sieht, wie früher Heinrich VII. seiner Vertretung des Staats-Interesses den Bauernmantel, so hängt jetzt der Vertreter des Interesses der Grossgrundbesitzer diesem den Staatsmantel um.

[2] Während die Gesetzgebung bis dahin gegen die inclosures war, datiren vom Beginn des 18. Jahrhunderts die Inclosure Acts, welche sie gestatten.

[3] Vgl. 7. Hen. VIII c. 1 von 1515. — 27. Hen. VIII c. 22 von 1536. — 5 et 6 Edw. VI c. 5 von 1552. — 2 et 3 Phil. et Mar. c. 2 von 1555.

machen! Die Gesetze hatten blos die Bestechung der Verwaltungsbehörden, welche sie durchzuführen hatten, zur Folge.[1]

Daran hat wohl auch das Gesetz von 1562 (5. Eliz. c. 2), durch welches Elisabeth die Strafen des Gesetzübertreters in erster Linie dessen präsumtiven Erben zu gut kommen liess, nichts geändert, während uns von einem andern ihrer Gesetze desselben Jahres allerdings eine Wirkung nach der beabsichtigten Richtung gemeldet wird. Im Jahre 1562 erliess nämlich Elisabeth ein grosses, grundlegendes Gesetz zur Hebung der englischen Schiffahrt, den 5. Eliz. c. 5. Zu den Vergünstigungen, welche dasselbe den englischen Schiffern gewährte, gehörte besonders auch die des § 17, durch welche es gestattet wurde Korn aus gewissen Häfen auszuführen ohne jedwede Licenz, wenn die Ausfuhr in Schiffen geschähe, deren einziger Eigenthümer ein englischer Unterthan wäre, und am Einschiffungsort der Quarter Weizen nicht mehr als 10 s., der Quarter Roggen, Erbsen oder Bohnen nicht mehr als 8 s., der Quarter Gerste oder Malz nicht mehr als 6 s. 8 d. kostete. Camden berichtet als unmittelbare Folge dieses Gesetzes eine lebhafte Zunahme des Getreidebaus.[2]

Diese unbeabsichtigte Nebenwirkung des Gesetzes von 1562 führte einen Umschwung in der Getreidehandelspolitik herbei.

Im Jahre 1571 nämlich finden wir ein Gesetz nicht blos mehr zur Aufrechthaltung der Schiffahrt, sondern «zur Hebung des Pflügens und zur Aufrechthaltung und Mehrung der Schiffahrt und der Matrosen», den Act. 13 Eliz. c. 13. Dasselbe verordnet: Von nächste Johanni an soll ès Jedermann, der das Reich bewohnt, erlaubt sein, aus den Häfen, in denen Zoll- und Steuerbeamte ihren Sitz haben, Weizen, Roggen, Gerste, Malz, Erbsen und Bohnen zu allen befreundeten Nationen, zu denen

---

[1] Vgl. für 1521 Oldmixon, The History of England, 1739 p. 31, 32. Vgl. ferner zahlreiche ähnliche Stellen in Froude, History of England.

[2] « Rustici etiam, licentia rem frumentariam exportandi facta acrius quam antea in agriculturam incumbere coeperunt, imo et supra quam leges postea latae exegerint, sola quae ex omni memoria inculta jacuerant, subigendo » Siehe Camden, Annales rerum Anglicarum et Hibernicarum regnante Elizabetha. Francofurti 1616 p. 87.

auszuführen nicht ausdrücklich verboten ist, zu verschiffen unter zwei Bedingungen, einmal dass das Schiff zum einzigen Eigenthümer einen geborenen englischen Unterthan hat, der innerhalb des Reiches seinen Wohnsitz hat, und sodann dass die Getreidepreise in den verschiedenen Grafschaften, aus denen die Ausfuhr stattfinden soll, nicht so hoch sind, dass die Getreideausfuhr verboten werden muss. Es werden Behörden genannt, welche in Fühlung mit der Bevölkerung der betreffenden Grafschaften, zu bestimmen haben, ob die Ausfuhr erlaubt oder verboten sein soll. Sie ist zu erlauben, wenn die Preise so niedrig sind, dass die Wohlfeilheit zu einem Hemmniss des Pflügens wird; sie ist zu verbieten, wenn sie so hoch sind, dass der Grafschaft aus der Theuerung Nachtheil ersteht. Von der Ausfuhr ist ein Zoll zu entrichten, und zwar, wenn die Ausfuhr auf Grund dieses Gesetzes stattfindet, vom Quarter Weizen 12 d. und vom Quarter jeder andern Getreideart 8 d.; wenn aber die Ausfuhr auf Grund einer besondern Licenz statt auf Grund dieses Gesetzes stattfindet, soll der Zoll betragen vom Quarter Weizen 2 s. und vom Quarter jeder anderen Getreideart 16 d. Der Krone bleibt aber vorbehalten, zu allen Zeiten die Getreideausfuhr durch Proklamation zu verbieten.

Dieses Gesetz hat keinerlei Wirkung auf die Getreideausfuhr geübt. Es war die Zeit, da der Zufluss des amerikanischen Silbers eine Geldentwerthung und demgemäss ein Steigen aller Preise zur Folge hatte. Die im Anhang aus Eden abgedruckte Tabelle zeigt uns, in welchem Masse die Getreidepreise von dieser Strömung ergriffen wurden. Und angesichts solcher Theuerung war es selbstverständlich, dass die Behörden von ihrer Befugniss, die Getreideausfuhr zu verbieten, Gebrauch machten.

Aber gerade diese Theuerung rief sowohl in der Litteratur, die sich mit den Mitteln zur Abhülfe beschäftigte, als auch bei den Gesetzgebern den Gedanken hervor, dass es keine bessere Abhülfe gebe als die Beförderung des heimischen Getreidebaus auf dem Wege, der durch die Gesetze von 1562 und 1571 beschritten worden war.

In der Litteratur finden wir ihn in dem köstlichen Dialoge, den William Stafford 1581 veröffentlicht hat. Nachdem die Geldentwerthung als Ursache der eingetretenen Preissteigerung bezeichnet worden ist, wird als Mittel gegen die Verwandlung des Ackerlands in Weideland und damit zur Förderung des Getreidebaus empfohlen[1]: Macht die Leute so geneigt, Getreide zu bauen, wie sie jetzt Schafzucht betreiben. Das Mittel hiezu besteht entweder in der Minderung des Gewinns von der Schafzucht oder in der Mehrung des Gewinns vom Körnerbau. Das erstere lautet: macht die Wolle so billig wie Korn ist; dies wird erreicht, wenn, ähnlich wie jetzt die Kornausfuhr verboten ist, ein Verbot ergeht, die Wolle unverarbeitet auszuführen. Hierdurch wird der Wollpreis den Schafzüchtern gedrückt; über der See aber bleibt er gleich hoch. Der Kornpreis würde steigen, gäbe man die Kornausfuhr frei, wie jetzt die Ausfuhr der Wolle frei sei. Geschehe dies nicht, so werde der Kornbau aufhören.[2]

Damit war die Politik ausgesprochen, welche das 17. und 18. Jahrhundert zur Geltung und damit einerseits die englische Tuchmanufaktur, andererseits den englischen Getreidebau in überraschend schneller Zeit zu einer unerhörten Entfaltung bringen sollte.

In der Gesetzgebung aber tritt der Gedanke des Gesetzes von 1571 aufs Neue in dem Gesetze 35. Eliz. c. 7 von 1593 hervor. Nachdem dasselbe die früheren zur Hebung des Pflügens erlassenen Gesetze ausdrücklich bestätigt hat, erlaubt es im § 5 die Kornausfuhr, wenn am Verschiffungsort der Quarter Weizen nicht mehr als 20 s., der Quarter Roggen, Erbsen und Bohnen nicht mehr als 13 s. 4 d., der Quarter Gerste oder Malz nicht mehr als 12 s. koste, und gegen Entrichtung eines Zolls von 2 s. vom Quarter Weizen und 16 d. vom Quarter jeder anderen Getreideart. Das Recht der Krone, die Ausfuhr durch Proklamation zu verbieten, wird aufrechterhalten. — Und auch unmittelbar nach der Thronbesteigung Jakobs I. wurde an dieser Politik noch festgehalten. Das eben besprochene Gesetz von

---

[1] In der oben citirten Ausgabe der New-Shakspere Society auf p. 15 ff.

[2] a. a. o. p. 44-52, 84-88,

1593 wurde in dem 1. Jac. I c. 25 §§ 2, 3 bestätigt, sogar unter Erhöhung der Preise, bei denen die Ausfuhr erlaubt sein soll, auf 26 s. 8 d. für den Quarter Weizen, 15 s. für den Quarter Roggen, Erbsen und Bohnen und 14 s. für den Quarter Gerste und Malz.

Dann aber scheinen die Gedanken Sir Walter Ralegh's bei der Regierung Anerkennung gefunden zu haben, die mit denen William Staffords doch nur theilweise sich deckten. Wie schon oben (p. 26) erzählt wurde, war nämlich Ralegh, ähnlich wie Stafford, wenn auch aus anderen Gründen, für ein Verbot der Ausfuhr der zur Tuchmanufactur nöthigen Rohmaterialien und damit vor Allem der Wolle; allein der die Holländer als volkswirthschaftliches Muster verehrende Seemann, war wie bereits (p. 72) angegeben, lebhaft dagegen, dass England seinen Getreidebedarf selbst erzeuge. Und während 1620 eine königliche Verordnung entsprechend seinen und Stafford's Vorschlägen das erste Wollausfuhrverbot erliess, dürfen wir dem von ihm angeregten Gedankengange vielleicht die Proklamation Jakobs I. vom 27. Dezember 1623 zuschreiben, in der ein Projekt auftaucht, das, wie wir p. 51 gesehen haben, in der Stadt London um 1689 zu einem gewissen Theile verwirklicht war und in dem Streite des 18. Jahrhunderts über die Korngesetze eine grosse Rolle spielen sollte.

Die Proklamation sagt,[1] die armen Leute litten unter hohen Getreidepreisen, der königliche Schatz aber erschöpfe sich in der Beschaffung billigen Getreides aus fremden Ländern; bei guter Ernte dagegen würden die Pächter durch niedrige Preise nahezu ruinirt und ausser Stand gesetzt, ihre Renten zu zahlen. Als Mittel um allen diesen Uebelständen abzuhelfen, wird (nach dem Vorbilde Hollands) die Errichtung von Getreidespeichern in allen Grafschaftsstädten des Königreiches in Aussicht genommen, welche in billigen Zeiten Getreide aufkaufen, in theuren Getreide verkaufen sollen. Zur Füllung dieser Magazine soll Getreide aus der

---

[1] Rymer foedera, studio Georgii Holmes, Hagae Comitis, 1741 tomi VII pars IV p. 86.

Fremde eingeführt werden und Jedermann soll Getreide darin aufspeichern können, wenn der heimische Getreidepreis unter 23 s. der Quarter Weizen, unter 18 s. der Quarter Roggen und unter 16 s. der Quarter Gerste gesunken sei. Auch solle, um das Risiko der Getreide-Einführenden zu mindern, die Wiederausfuhr des eingeführten Getreides zu befreundeten Nationen erlaubt sein, wenn in den drei dem Speicher nächst benachbarten Grafschaften der Quarter Weizen weniger als 40 s., der Quarter Roggen weniger als 26 s. 8 d. und der Quarter Gerste weniger als 20 s. koste. Bei höheren Getreidepreisen soll die Wiederausfuhr dagegen verboten sein. Umgekehrt soll es verboten sein, eingeführtes Getreide im Inland zu verkaufen, wenn der Quarter Weizen weniger als 32 s., der Quarter Roggen weniger als 18 s. und der Quarter Gerste weniger als 16 s. koste, damit der Getreidepreis im Interesse des englischen Landwirths vor allzu tiefem Sinken bewahrt werde. Bei Wiederausfuhr des eingeführten fremden Getreides sollten keine Ausfuhrzölle zu bezahlen sein.

Es dürfte schwer sein zu sagen, warum der Plan im Parlamente nicht populär war. Es ist möglich, dass er als zu komplicirt erschien, um in grossem Masstabe durchgeführt zu werden, oder dass die Grundbesitzer im Parlamente ihr Interesse bei einer Förderung der Getreideausfuhr sicherer gewahrt glaubten; jedenfalls blieb der Plan nur Projekt.[1] In demselben Regierungsjahre Jakobs I., in dem die Proklamation erlassen worden war, 1623-24, wurde jenes Parlament berufen, von dem berichtet wird, dass Krone und Reichsvertretung sich auf demselben in so gutem Einvernehmen wie noch nie unter Jakob I. befanden. Und auf diesem Parlamente wurde der 21. Jac. I. c. 28 Gesetz, der die Bestimmungen der Gesetze von 1592 und 1603 aufs neue bestätigt und zwar unter gleichzeitiger Erhöhung der Preise, zu denen die Ausfuhr gestattet sein solle, auf 32 s. für den Quarter Weizen, 20 s. für den Quarter Roggen und 16 s. für den Quarter Erbsen, Bohnen, Gerste und Malz. — Gleichzeitig wurde das in Folge der

---

[1] Vgl. auch Macpherson, Annals of Commerce II p. 323.

Niedrigkeit seiner Preisansätze längst veraltete Gesetz von 1463, der 3. Edw. IV. c. 2, das die Getreideeinfuhr verbot, auch formell beseitigt.

So gelangten Ralegh's Gedanken also nur insoweit zur Verwirklichung als sie den früheren William Stafford's entsprachen. Die Wollausfuhr wurde verboten; dagegen sehen wir in allen über den Getreidehandel seit 1593 erlassenen Gesetzen die Preise, bei den die Ausfuhr erlaubt ist, immer steigen, also eine fortschreitende Begünstigung der Ausfuhr eintreten. Nur ist es nicht mehr die Krone, welche als Vertreterin dieser Politik erscheint. Der unter Elisabeth in der Gesetzgebung inaugurirte Gedanke wurde vielmehr vom Parlamente festgehalten, während die Krone anderen Bestrebungen huldigte. Und insbesondere seitdem der Kampf Karls I. mit dem Parlamente begonnen, wurde es wieder die fiscalische Rücksicht, sich durch Ausfuhrlicenzen höhere Einnahmen zu verschaffen, welche den Getreidehandel ausschliesslich beherrschte.

Dafür dass Karl I. alsbald von seinem Rechte, die Getreideausfuhr durch Proklamation zu verbieten, um sie dann wieder gegen Zahlung von Licenzen zu gestatten, Gebrauch machte, spricht, dass er im November 1627, als er, in seinen Mitteln aufs äusserste erschöpft, jenes Parlament zusammenberief, dem er so viel mehr bewilligen sollte, sofort auch aufs Neue die Bestimmungen des Gesetzes Jakobs I. von 1624 über die Kornausfuhr bestätigen musste in dem 3. Car. I. c. 5. § 5, und zwar geschah es diesmal ohne gleichzeitige Erhöhung der Preissätze, zu denen die Ausfuhr noch gestattet sein sollte. Darauf folgten jene Parlamente von 1628 und 1629, auf denen ein Gesetz überhaupt nicht mehr zu Stand kam, und dann wurde von 1629 bis 1640 gar kein weiteres Parlament zusammenberufen. Es ist bekannt, in welcher Weise Karl I. in der Zwischenzeit durch Anspannung und Ueberspannung aller königlichen Praerogativen sich Geld zu beschaffen bemüht war. Und selbstverständlich, dass er auch von der in den Gesetzen von 1593, 1603 und 1624 ausdrücklich vorbehaltenen Befugniss der Krone, durch Proklamation jede Kornausfuhr ohne Licenz zu verbieten, Gebrauch machte. Die Proklamation wurde 1632 erlassen.[1] Es ist nur zu begreiflich, dass sie nicht finanzielle und politische, sondern wirthschaftliche und sociale Momente als Gründe für ihren Erlass angibt. Allein stets wurde darin nur eines der Auskunftsmittel erblickt, zu denen Karl I. damals seine Zuflucht nahm,[2] um ohne Parlament zu Geld zu gelangen.

In den zwölf Jahren der Republik führt dann das Parlament die Elisabethische Handelspolitik nur noch systematischer und energischer durch. Mit der ganzen Wucht, welche für jene Zeit charakteristisch ist, kommt jetzt der Plan zur Verwirklichung, den, wie oben gezeigt, W. Stafford 1581 als Mittel zur Steigerung des Getreidebaus empfohlen hatte. Während die Wollausfuhrverbote bisher nur auf Grund königlicher Verordnung bestanden hatten, werden sie nunmehr durch Gesetz sanktioniert; am 22. Juni 1649 schreibt der Staatsrath ans Parlament,[3] vor seiner Vertagung habe es eine Reihe von Gesetzen zu verabschieden, darunter eines, welches die Ausfuhr von Wolle und Walkererde verbiete. Dann wird am 6. August 1650[4] ein ständiger Ausschuss zur Regelung des Handels ernannt, mit Weisungen, alle möglichen Massnahmen zur Hebung der Ausfuhr englischer Produkte ins Auge zu fassen.[5] Und nun erfolgt ein Gesetz nach dem anderen, welches im

---

1 Vgl. Rymer, die citierte Ausgabe von Gravenshag, tomi VIII pars III p. 245.

2 Vgl. John Smith, Memoirs of Wool. London 1747 p. 172.

3 Bulstrode Whitelock, Memorials of the English Affairs from the beginning of the reign of Charles I to the happy restoration of King Charles II. Oxford 1853 vol. III p. 57. Vgl. auch oben p. 27 Anmerkung 2.

4 Whitelock III p. 227.

5 Die diesem Ausschuss gegebenen Instructionen lauten (Parliamentary History of England, 2. ed. London 1763 vol. XIX p. 314-6):

« 1. To take notice of all the native commodities of England, or what time or industry may hereafter make native; and advise how they may not only be fully manufactured, but well and truly wrought, to the honour and profit of the Commonwealth.

« 2. To consider how the trades and manufactures of this nation may most fitly and equally be distributed; to the end one part may not abound with trade, and another remain poor for want of it.

Interesse bald dieses bald jenes Erwerbszweiges Massnahmen

« 3. How trade may most conveniently be driven from one part of the nation to another; to which purpose they are to consider how rivers may be made navigable, and ports more capable of shipping.

« 4. How the commodities of England may be vented, to the best advantage, into foreign countries, and not undervalued by ill management; how obstructions of trade into foreign parts may be removed; and how new ways and places may be found out for better venting of native commodities.

« 5. How free ports for foreign commodities imported (without paying of custom, if again exported) may be appointed, and in what manner the same is best to be affected.

« 6. To contrive a most exact account be kept of all commodities imported and exported, that a perfect balance of trade may be taken; whereby the Commonwealth may not be impoverished by receiving of commodities yearly from foreign parts, of a greater value than what were carried out.

« 7. To consider the value of the english coin and the par thereof, in relation to the intrinsic value which it bears in weight and fineness with the coin of other nations; also of the state of exchange, and of the gain or loss that comes to the Commonwealth by the exchange now used by merchants.

« 8. To inquire what customs, imports, and excise are fit to be laid upon all commodities, either native or imported; and how they may be best regulated, and so equally laid and managed as neither trade may be hindered, nor the state made incapable to defray public charges.

« 9. To consider whether it be necessary to give way to a more open trade than that of companies, and in what manner it is fittest to be done; wherein to take care that government and order in trade may be preserved, and confusion avoided.

« 10. To inform themselves of the particular ordinances, grants, patents, and constitutions of the several companies of merchants and handicraftsmen, that, if any of them tend to the hurt of the public, they may be laid down.

« 11. To consider the great trade of fishing, not only upon the coasts of England and Ireland, but likewise of Ireland, Greenland, Newfoundland, and New-England, or elsewhere; and to encourage fishermen, in order to the increase of shipping and mariners.

« 12. To advise how the english plantations in America or elsewhere may be best managed; and how the commodities thereof may be so multiplied that those plantations alone may supply the Commonwealth of England with whatsoever it necessarily wants. »

Die Mitglieder des Ausschusses sollten auch Vorschläge von Personen, die in Handelssachen erfahren seien, entgegennehmen, Beamten des Schatzamts, der Münze, Zölle und indirekten Steuern vernehmen, und alle Akten einsehen können. Ihr Bericht sei dem Parlament vorzulegen.

im Sinne des Merkantilsystems trifft, darunter am 7. Oktober 1651 die Navigationsakte, welche, um der englischen Schiffahrt das Uebergewicht über die holländische zu sichern, den seit dem 15. Jahrhundert immer stärker auftretenden Schutz der englischen Schiffahrt zum systematischen Ausbau und zur höchsten Vollendung bringt. Alsdann erfolgt auch ein Gesetz im speciellen Interesse der Landwirthschaft. Nachdem der Protektor Cromwell im November 1655 abermals einen Ausschuss zur Regelung des Handels eingesetzt hat, dem er seine ernsteste Aufmerksamkeit schenkte,[1] giebt er am 27. November 1656 seine Zustimmung zu dem «Gesetz zum Zweck der Ausfuhr verschiedener Güter, welche in dieser Republik gezüchtet, gewachsen und hergestellt sind.»[2] Die Güter, deren Ausfuhr durch dieses Gesetz gestattet wird, sind, abgesehen von Waffen, alles landwirthschaftliche Produkte und solche, welche aus diesen unmittelbar hergestellt werden. Es handelt sich nämlich um Wallache, Ochsen, Rinds- und Schweins-Pöckelfleisch, Butter, Käse, Kerzen, Weizen, Roggen, Erbsen, Bohnen, Gerste, Malz, Hafer, Bier und Kalbfelle. Dabei wird der Preis, zu dem die Ausfuhr noch stattfinden darf, festgesetzt auf 40 s. für den Quarter Weizen, 24 s. den Quarter Roggen, Erbsen und Bohnen, 20 s. den Quarter Gerste und Malz, 16 s. den Quarter Hafer. Also abermals eine Erhöhung der Preise, bei denen noch ausgeführt werden darf! Ferner werden die bei der Ausfuhr zu erhebenden Zölle herabgesetzt;[3] dabei bleibt die durch die Carta mercatoria eingeführte differentielle Behandlung der einheimischen und fremden Kaufleute bestehen; allein da die den Fremden für die höheren Zölle eingeräumten Privilegien seit der Elisabeth fortgefallen sind, bedeutet sie seit dieser Zeit für die Fremden lediglich einen Nachtheil.

Mit dieser Förderung der Viehzucht und des Körnerbaus

---

[1] Whitelock IV p. 215, 216; Parliam. History XX p. 470.

[2] Whitelock IV p. 282. — Green, Calendar of State Papers. Domestic Series 1656-57. London 1883 p. 174.

[3] Für den Quarter Weizen 1 s. von Einheimischen, 3 s. von Fremden; für den Quarter Roggen, Erbsen, Bohnen, Gerste und Malz 6 d. von Einheimischen, 1 s. 6 d. von Fremden; für den Quarter Hafer 4 d. von Einheimischen und 1 s. von Fremden.

erhielt die Landwirthschaft der Absicht nach einen Ersatz für die Beschränkung des Absatzmarktes, welche ihr das im Interesse der Tuchmanufaktur erlassene Ausfuhrverbot für Wolle auferlegt hatte. Dabei ist es bemerkenswerth, dass das Gesetz in eine Zeit fällt, da die Getreidepreise plötzlich wieder einen niederen Stand erreichten. Während nämlich der Weizenpreis um die Mitte des 17. Jahrhunderts ein bedeutender war, fiel er um das Frühjahr 1655 zu Windsor auf 21 s. 11 d. Dazu nehme man die in der Einleitung des Gesetzes enthaltenen Motive! Es heisst darin, das Gesetz werde erlassen, «in Anbetracht, dass lange Erfahrung gezeigt habe, dass der blühende Zustand aller Inseln sehr viel unter Gottes Beistand bedingt werde durch einen lebhaften und blühenden Handel und durch wohlberechtigtes Sorgen und Streben, dass die Ausfuhr der heimischen Produkte die Einfuhr der fremden übertreffe, und in Anbetracht, dass es Gott gefallen habe, Fleiss und Mühe der Nation in grossen Verbesserungen von Sümpfen, Wäldern, Gehegen und anderen Ländereien mit einem grossen Ueberfluss an Korn, Vieh, Butter, Käse und verschiedenen anderen Produkten, die anderen Nationen von grossem Nutzen seien und von ihnen sehr begehrt würden, zu segnen, und in Anbetracht, dass es Produktion und Handel sehr ermuntern würde, würde man die freie Ausfuhr jener Produkte gestatten, alle Hemmnisse derselben beseitigen und die Ausfuhrzölle leicht machen.» Es handelte sich also um eine strikte Anwendung der merkantilistischen Principien auf den Getreidebau. War aber, wie wir gesehen haben, die Landwirthschaft noch um 1689 das Hauptgewerbe von England, so hatte Cromwell um so mehr Veranlassung eben den Schutz, den alle anderen Produktionszweige längst genossen, gerade dem Getreidebau angedeihen zu lassen, als auf demselben, wie wir wissen, die wirthschaftliche Existenz seiner Miliz, der Grundlage seiner Machtstellung, beruhte. Freilich hatte dieser Schutz, bei der Mangelhaftigkeit der damaligen Landstrassen, immer nur für die an der See und an schiffbaren Flüssen gelegenen Grafschaften eine Bedeutung. Aber gerade die südöstlichen Grafschaften hatten von jeher zum Parlamente gehalten.[1]

---

[1] Vgl. die Karte bei Stern, Geschichte d. Revolut. in England, Berlin 1881, p. 127.

Im Jahre 1660 wurde die legitime Monarchie wieder hergestellt. Cavaliere und Rundköpfe in gleicher Abneigung gegen die Tyrannei des Protektors und gegen die Uebermacht des Heeres vereinigten sich, um Karl II. zurückzuführen. Der royalistische Eifer, der nun auf einmal mit grosser Ostentation sich breit machte, war so gross, dass Karl II. selbst beim Einzug in London gespöttelt haben soll, hätte er geahnt, wie heiss und allgemein er ersehnt sei, er wäre längst herübergekommen.

Alle Gesetze des Commonwealth wurden nunmehr gelöscht. Allein bei den meisten Gesetzen, welche die innere Verwaltung betrafen, und vor allem bei allen wirthschaftlichen Gesetzen war diese Löschung eine lediglich formelle. Diese Gesetze selbst hatten zu der Machtstellung, welche England unter Cromwell erworben, nach der allgemeinen Meinung wesentlich beigetragen [1] und waren die Bewunderung von ganz Europa. Die wichtigsten unter ihnen wurden daher sofort aufs Neue sanktionirt als Gesetze Karls II., so insbesondere die Navigationsakte, die Accisegesetze, so ferner das Gesetz, welches entlassenen Soldaten den Gewerbebetrieb gestattete, auch wenn sie keine Lehrzeit entsprechend dem Lehrlingsgesetz der Elisabeth von 1562 zurückgelegt hatten,[2] so auch das Verbot, Wolle, Wollfelle und Walkererde auszuführen (12. Car. II. c. 32).

Desgleichen wurden die von Cromwell 1656 über die Ausfuhr landwirthschaftlicher Produkte erlassenen Bestimmungen neu sanktionirt, und zwar in dem Gesetze (12. Car. II. c. 4 § 11), welches 1660 dem Könige das «Tonnen- und Pfundgeld» für die Dauer seines Lebens bewilligte. Dieses Pfundgeld war eine Abgabe von 1 s. vom Pfund Sterling des Werths des ein- oder ausgeführten Produktes, also ein fünfprocentiger Werthzoll. Die einzelnen Waaren wurden zu dem Zweck in einer dem Gesetze beiliegenden Preisverzeichnisse gesetzlich einge-

---

[1] Vgl. Parliam. History XIX p. 314.

[2] Von Cromwell 1654 erlassen. (Parliam. History XX p. 315); auf die aufgelöste Armee angewandt durch den 12. Car. II c. 16 von 1660.

schätzt, woraus sich der zu entrichtende Zoll berechnen lässt.[1] Die verschiedenen Getreidearten sind dabei nicht übersehen. Die Preise, zu denen sie noch ausgeführt werden dürfen, sind festgehalten wie im Gesetze von 1656 und auch die bei ihrer Ausfuhr zu erhebenden Zölle stellen sich genau so, wie Cromwell sie festgesetzt hatte; nur die fremden Kaufleute stehen sich besser, indem sie zu dem von den Einheimischen zu entrichtenden Zoll nur mehr einen Zuschlag von 1 s. bezahlen sollen. Ferner ist eine Aenderung in der Erhebung von Einfuhrzöllen eingetreten. Nach allen früheren Gesetzen über Tonnen- und Pfundgeld wurde der gleiche Zoll bei Ein- wie bei Ausfuhr erhoben. Nicht nur dass die Zahl der Waaren, bei deren Einfuhr Zölle erhoben werden, nun grösser ist als die Zahl der mit einem Ausfuhrzolle betroffenen, die Einfuhrzölle sind nun auch durchweg höher als die Ausfuhrzölle. Dies gilt auch für Getreide, und zwar finden wir hierbei eine verschiedene Zollhöhe, je nachdem der Getreidepreis im Einfuhrhafen gewisse Sätze überschreitet oder nicht. Steht der Weizenpreis unter 44 s. der Quarter, so beträgt der Einfuhrzoll 2 s., wenn über 44 s. nur 4 d. Steht der Preis von Roggen unter 36 s. und der der übrigen Getreidearten unter 28 s., so beträgt der Einfuhrzoll 1 s. 4 d., wenn über diesen Sätzen nur 3 d.

Mit diesen Neuerungen erscheint der Finanzzolltarif zum ersten Male merkantilistischen Prinzipien unterworfen, und wie für die Ein- und Ausfuhr aller Waaren sind sie auch für die von Getreide zur Geltung gelangt. Wir stehen vor dem ersten Schutzzoll zu Gunsten des heimischen Getreides, und dabei begegnen wir zum ersten Male einer gleitenden Scala von Zollsätzen.

Von nun an geht es mit stürmischen Schritten vorwärts auf der handelspolitischen Bahn, die im 15. Jahrhundert zuerst schüchtern betreten, von Elisabeth mit Kraft weiter verfolgt,

---

[1] Macculoch hat merkwürdiger Weise das Pfundgeld nicht verstanden und das dem Gesetz beigegebene Preisverzeichniss als einfachen Zolltarif aufgefasst, wonach sich ihm so ungeheuerliche Ausfuhrzölle wie z. B. 20 s. für den Quarter Weizen ergeben.

unter der Republik als die für das gesammte Wirthschaftsleben einzuschlagende erklärt worden war. Entsprechend dem Systeme, welches in den dem neuen Ausschuss für Handel 1650 gegebenen Instruktionen vom Parlament niedergelegt worden war, wurden nunmehr Massnahmen für alle Wirthschaftszweige mit bewusster Folgerichtigkeit ausgebildet. Die Zeit von 1660 bis 1700 ist die Zeit einer wahren Fluth nationalökonomischer, besonders handelspolitischer Broschüren, die mit geringen Modifikationen, — der Versuch, die Gegensätze von moderner Freihandels- und Schutzzolltheorie in dieselben hineinzuverpflanzen, kann dem, der diese Schriften gelesen hat, nur Lächeln entlocken, — alle dasselbe Ziel verfolgen. Es ist, als ob die gesammte Intelligenz der Liberalen nunmehr die ihr, nach eingetretener Restauration, auf politischem Gebiete versagte Bethätigung auf wirthschaftlichem Gebiete suchte. Karl II. aber hatte auf diesem Gebiete keine Ab- oder Zuneigungen. Er wollte Geld und wieder Geld und Ruhe vom Parlament und that Alles, was dieses wollte, wenn man ihm als Wirkung eine Mehrung seiner Einnahmen in Aussicht stellte. Und alle die Massnahmen, die wir heute als merkantilistische zu bezeichnen pflegen, verfolgten ja die Interessen der einzelnen Erwerbszweige unter der Firma der finanziellen Interessen des Landes.

So finden wir denn, dass 1662 die Ausfuhr von Leder und Häuten — früher waren sie neben der Wolle der Hauptstapelartikel von England gewesen, — im Interesse der heimischen Verarbeitung des Leders verboten wird. Desgleichen wird 1662 im Interesse der heimischen Spitzenfabrikation, Stickerei und der Fabrikation übersponnener Knöpfe die Einfuhr der entsprechenden fremden Produkte verboten. Das Wollausfuhrverbot wird in demselben Jahre im Interesse der heimischen Tuchmanufaktur verschärft, desgleichen das Einfuhrverbot für ausländische Kratzen. Das Jahr 1663 bringt ein Einfuhrverbot für ausländische Leinwand und für Gardinen. Dazu kommen zahllose Gesetze zur bessern Regelung dieses oder jenes Gewerbes. Andere bezwecken die Hebung der Fischerei. Wieder andere fassen die Verbesserung der Landstrassen und die Schiffbarmachung der Flüsse ins Auge. Auch die Navigationsakte wird 1653 durch den 15 Car. II. c. 7 §§ 4-8 noch weiter ausgebildet. Die Gesetze von 1666, 1678, 1680, welche im Interesse der Tuchmanufaktur sogar das Begraben in Wolle befehlen, wurden schon oben (p. 27) genannt.

Wäre es denkbar, dass in einer solchen Zeitströmung der Erwerbszweig, von dem die enorme Mehrheit des Volkes lebte, nicht auch seine Berücksichtigung gefunden hätte? Im Jahre 1663 tritt auch für ihn eine erhöhte Begünstigung ein. «In Anbetracht,» sagt der 15. Car. II. c. 7 § 1, «dass die Ermunterung zum Getreidebau ganz besonders ein Gegenstand der Sorge sein muss und das sicherste und wirksamste Mittel, irgend ein Gewerbe oder eine Beschäftigung zu fördern, darin besteht, dieselben gewinnbringend zu machen, in Anbetracht ferner, dass grosse Mengen Landes in diesem Königreiche wüst liegen und wenig einbringen, während sie grossen Vortheil abwerfen würden, wenn die Verwendung von Kosten und Arbeit auf dieselben hinreichend ermuntert würde, was auch die Produktion von mehr Korn, die Beschäftigung von mehr Menschen, Pferden und Vieh und die Wertherhöhung anderer Ländereien zur Folge hätte» werden die Preise, zu denen die Ausfuhr von Getreide noch gestattet sein soll, erhöht für den Quarter Weizen auf 48 s., den Quarter Roggen, Erbsen oder Bohnen auf 32 s., und den Quarter Gerste, Malz oder Buchweizen auf 28 s. Auffallender Weise wird dieser Preis für den Hafer von 16 s. auf 13 s. 4 d. herabgesetzt. Auch darf Jeder, so lange die Preise der betreffenden Getreidearten diese Sätze nicht überschreiten, Getreide aufkaufen und aufspeichern, ohne den Gesetzen, welche das Aufkaufen verbieten, zu verfallen. Ferner sollen, wenn die Preise unter den angegebenen Sätzen stünden, bei der Einfuhr der betreffenden Getreidearten erhöhte Einfuhrzölle erhoben werden, nämlich vom Weizen 5 s. 4 d., von Roggen, Erbsen und Bohnen 4 s., von Gerste und Malz 2 s. 8 d. vom Buchweizen 2 s. und vom Hafer 1 s. 4 d. pro Quarter. Stehen die Preise über den angegebenen Sätzen, so sollen die in dem Gesetz von 1660 über die Erhebung von Tonnen- und Pfundgeld bestimmten, bei hohen Getreidepreise zu erhebenden niedrigen Zollsätze in Kraft treten. — Dasselbe Gesetz klagt in seinem § 10, dass in Folge der Einfuhr gemästeten

Viehs die Grundrenten gefallen seien,[1] und bestimmt, dass von 1664 an von jedem Haupt gemästeten Grossviehs, das fortan eingeführt werde, 20 s. dem König, 10 s. dem Denunzianten und 10 s. den Armen zu geben seien, und für jedes eingeführte Schaf 10 s. dem König.

Allein die Gesetzgebung geht weiter. Im Jahre 1666 wird die Einfuhr von Vieh durch den 18 et 19 Car. II. c. 2 für gemeinschädlich erklärt und verboten, desgleichen auch in demselben Gesetz die Einfuhr von Fischen durch Fremde. Das Gesetz sollte für 7 Jahre Gültigkeit haben. Allein bereits 1667 hören wir, dass trotz dieses Einfuhrverbots in Folge verwerflicher Collusion von Beamten noch Einfuhr stattfinde, und es ergeht ein neues drakonisches Einfuhrverbot, der 19 et 20 Car. II. c. 12, und zwar ohne Beschränkung der Zeit seiner Gültigkeit. Im Jahre 1670 endlich werden durch den 22. Car. II. c. 13 § 4 die Ausfuhr von Ochsenfleisch, Schweinefleisch, Speck, Butter, Käse und Kerzen, auch wenn ihre Preise die in dem Gesetz über Tonnen- und Pfundgeld festgesetzten Sätze übersteigen, sowie die Ausfuhr von Ochsen, Kühen, Färsen und Pferden erlaubt und die dafür zu zahlenden Ausfuhrzölle auf Minimalbeträge herabgesetzt. Zwei Jahre darauf aber eine weitere Begünstigung der Ausfuhr: Durch den 25. Car. II. c. 6. wird die durch die Carta mercatoria eingeführte differentielle Behandlung der ausländischen Kaufleute bei der Ausfuhr aufgehoben. Sie sollen bei der Ausfuhr englischer Produkte, mit Ausnahme von Kohlen, fortan nicht mehr Zoll bezahlen als geborene Engländer.

Endlich bringt dasselbe Gesetz von 1670, das die Viehausfuhr erlaubt, auch dem Getreidebau neue Berücksichtigung.

---

[1] Macaulay erzählt (a. a. O. I p. 226 ff.), dass im Jahre 1662 ein allgemeines Sinken der Grundrente eingetreten sei, welches man, wie alles Andere, womit man unzufrieden war, der neuen Regierung in die Schuhe geschoben hätte. Da die Getreidepreise in den Jahren 1660-63 gerade ausserordentlich hoch standen, kann sich dies nur auf die Renten vom Weideland beziehen, von denen im Gesetze von 1663 die Rede ist. Vielleicht dass dieses Sinken mit der seit 1660 eingetretenen Verschärfung des Verbots, Wolle und Wollfelle auszuführen, zusammenhing, und die im Text erörterten Gesetze von 1663-1670 eine Entschädigung dafür bieten sollten.

Auch die Kornausfuhr soll erlaubt sein, einerlei, was die Kornpreise sind, und nur die durch das Gesetz über Tonnen- und Pfundgeld festgesetzten niedrigen Ausfuhrzölle sollen entrichtet werden. Gleichzeitig bestimmt das Gesetz Einfuhrzölle von einer Höhe, dass sie unter Umständen Einfuhrverboten gleichkommen mussten. Freilich konnte man hier, wo es sich um das unentbehrlichste Lebensmittel handelte, sich nicht in gleich rücksichtsloser Weise lediglich von kommerziellen Gesichtspunkten leiten lassen. Daher denn nicht nur kein absolutes Einfuhrverbot, sondern auch eine Abstufung der Zollsätze je nach der Höhe der Preise.

Betrug der Weizenpreis weniger als 53 s. der Quarter, so sollte der Einfuhrzoll 16 s., betrug er mehr als 53 s. aber weniger als 80 s., so sollte der Einfuhrzoll 8 s. betragen. Betrug der Preis von Roggen, Erbsen oder Bohnen weniger als 40 s. der Quarter, der Preis von Gerste, Malz oder Buchweizen weniger als 32 s., so sollte auch hier der Einfuhrzoll 16 s. sein. Nur für den Hafer, der weniger als 16 s. pro Quarter koste, wurde der Einfuhrzoll auf nur 5 s. 4 d. festgesetzt. Standen der Weizen indess höher als 80 s., Roggen, Erbsen und Bohnen höher als 40 s., Gerste, Malz und Buchweizen höher als 32 s. und Hafer höher als 16 s. so sollten auch hier nur die nach dem Gesetz über Tonnen- und Pfundgeld bei hohen Getreidepreisen massgebenden niedrigen Zollsätze erhoben werden.

Mit dieser Gestattung der Ausfuhr für die beiden hauptsächlichen Produkte der englischen Landwirthschaft, für Vieh und Korn, dem Erlass von Einfuhrverboten für fremdes Vieh und von hohen Einfuhrzöllen für fremdes Getreide hatte die Gesetzgebung für das vornehmste Gewerbe des Landes dasselbe gethan, was sie für alle anderen Gewerbe, die sie in Blüthe zu bringen suchte, gleichzeitig that. Erwägt man ferner, dass gleichzeitig mit diesen Begünstigungen der Landwirthschaft grossartige Versuche zur Landesmelioration stattfanden, indem seit 1630 die Entwässerung der in den Grafschaften von Northampton, Norfolk, Suffolk, Lincoln, Cambridge und Huntingdon und auf der Insel Ely befindlichen Moore und Marschen von Privaten in Angriff genommen wurde, dass ferner die dargelegten gesetzlichen Begünstigungen der Ausfuhr der heimischen und Erschwerungen der Einfuhr der ausländischen landwirthschaftlichen Produkte auch mit Rücksicht auf die Nothwendigkeit, diese Meliorationen durch Preise, welche ihre Kosten deckten, zu ermöglichen, motivirt wurden, und dass endlich seit 1663 jedes Jahr, welches eine solche grössere Begünstigung gebracht hat, auch ein Gesetz über diese Landesmeliorationen aufweist,[1] so muss der unparteiische Forscher, der nicht sehr viel spätere Interessengegensätze in eine Zeit hineinträgt, in der sie noch kaum hervortreten, sagen, die Gesetze über die Aus- und Einfuhr der landwirthschaftlichen Produkte, wie sie insbesondere seit der Republik erlassen worden sind, bedeuten nichts als die consequente Durchführung der damals allgemein herrschenden volkswirthschaftlichen Anschauungen. Es handelt sich dabei nicht um Gegensätze von Cavalieren und Rundköpfen, den spätern Tories und Whigs, auch handelt es sich noch nicht um Gegensätze von Ackerbau und Industrie, es handelt sich nur um die Anwendung des für Industrie und Handel gleichfalls angewendeten Politik auf die Landwirthschaft, um die Durchführung der oben mitgetheilten Grundsätze des Handelsausschusses der Republik von 1650.

Es wäre nun von grossem Interesse, zu wissen, welche Wirkung die dargelegten Gesetze von 1663—1670 geübt haben. Indess kenne ich darüber nur ganz spärliche Notizen. Davenant[2] schreibt nämlich über die Kornausfuhr von Weihnachten 1699 bis Weihnachten 1710 : «Ich bemerke, dass Korn ein neuer Ausfuhrartikel für uns ist. . . Früher verschifften wir Korn aus dem Hafen von London, und nur in geringen Mengen, nur nach Holland, Spanien, Dänemark, Afrika (nach der englischen Besitzung Tanger), den Colonien, Italien und Portugal, und nach allen diesen Gegenden zusammen

von 1662—1663 im Werthe von 4315 L. 5 s.
von 1668—1669 im Werthe von 2011 L. 4 s.»

---

[1] 1663 den 15. Car. II c. 17; 1664-65 den 16. u. 17. Car. II c. 11; 1667-68 den 19. u. 20. Car. II c. 13; 1670 den 22. Car. II c. 14.

[2] Davenant's Works V p. 424.

Diese Nachricht ist um so auffallender, als der Preis zu dem die Weizenausfuhr noch erlaubt war, 1662 nur 40 s. und 1663 nur 48 s. betrug, in Windsor aber der Quarter Weizen 1662 74 s. und 1663 57 s. kostete, der Weizen in London also billiger als in Windsor gewesen sein müsste, um die Ausfuhr zu ermöglichen. Umgekehrt stand der Weizenpreis in den Jahren 1666 bis 1670 so niedrig, dass eine Ausfuhr erlaubt gewesen wäre, und von 1670 wurde sie ja bei jedem Preise erlaubt; und doch spricht Davenant von einer Ausfuhr nur für 1668-1669. Die Preise müssen also im Ausland noch niedriger gewesen sein.[1]

Dies muss auch in dem Zeitraum von 1670 bis 1685 der Fall gewesen sein, trotzdem uns für die meisten dieser Jahre ziemlich niedrige Preise des Windsormarktes überliefert sind. Denn trotz der an ein Einfuhrverbot grenzenden Zölle des Gesetzes von 1670 fand in diesem Zeitraum, nach den Bemerkungen von Zeitgenossen[2] und den Klagen in der Einleitung eines neuen Gesetzes von 1685, eine beträchtliche Einfuhr statt. Nach den Angaben des letzteren wurde das Fehlen von Bestimmungen in dem Gesetze von 1670 über die Art und Weise, wie die Getreidepreise festgestellt werden sollten, welche den von der Einfuhr zu erhebenden Zollsatz bestimmten, benutzt, Getreide ohne Entrichtung der gesetzmässigen Zölle einzuführen. Daher suchte das erste und einzige Parlament, das Jakob II. berief, im Jahre 1685 durch den 1. Jac. II. c. 19 diesem Uebelstande abzuhelfen.

Heutzutage wäre es denkbar, dass auf einer grossen Kornbörse die Preise gemäss den dortigen Umsätzen notirt und an die Zollämter versandt würden; allein bei den damaligen Verkehrsverhältnissen, die weder einen Ausgleich der Preise im ganzen Lande, noch aber eine rasche Mittheilung an alle Zoll-

---

[1] Dafür, dass vor 1689 keine regelmässige Getreideausfuhr aus England stattfand, spricht auch, wie schon oben p. 17 erwähnt, dass Petty bei seiner Aufzählung der von England ausgeführten heimischen Produkte (Polit. Arithm. p. 83) des Getreides nicht erwähnt.

[2] So sagt Tooke; ich selbst kenne keine solche Bemerkungen. Vgl. Tooke und Newmarch, Die Geschichte und Bestimmung der Preise, deutsch von Asher I p. 14.

ämter möglich machten, war ein solches Verfahren undenkbar. Es musste vielmehr ein Erhebungsmodus gefunden werden zu einer örtlich verschiedenen und zeitlich sich erneuernden Feststellung der thatsächlich in den Landestheilen existirenden Kornpreise. Auch musste die Mittheilung derselben an die an den betreffenden Küstentheilen gelegenen Zollämter angeordnet werden.

Das Gesetz aus dem Jahre 1685, bedient sich, um einen solchen Apparat ins Werk zu setzen, der England eigenthümlichen Organisation der niedern Verwaltung: der Friedensrichter. Auch war dies nichts absolut Neues. Schon Elisabeth (13. Eliz. cap. 12) hatte diese einst damit beauftragt, im Falle einer bevorstehenden Theuerung die Ausfuhr aus den Häfen ihrer Grafschaften, durch eine Proklamation zu verbieten. Nach dem neuen Gesetze sollen sie auf den Quartalsitzungen im Frühjahr und Herbste, also vor und nach der Ernte, den gemeinen Marktpreis mittleren, englischen Getreides erforschen, indem sie sich hierzu der beeideten Aussagen zweier unparteiischer[1] Einwohner der Grafschaft bedienen. Diese Preise sollen dann den Zollbeamten in den Hafenstädten mitgetheilt, daselbst an einem allgemein sichtbaren Punkte aufgehängt werden und fortan das Eintreten der Einfuhrzölle reguliren

So bildet jede an der See gelegene Grafschaft für sich einen Bezirk, in dem die Einfuhr des Getreides hoch verzollt sein kann, während in einem danebenliegenden ein anderer Zoll in Kraft ist.

Die Stadt London, wo der Lord Mayor und Friedensrichter dieselben Pflichten haben, bildet für sich einen Einfuhrbezirk.

Nicht so glücklich wie bei diesem Bestreben, Verschärfungen der Gesetze zur Hemmung der Einfuhr zu erlangen, waren die Landwirthe bei einem Versuch, weitere Ausfuhrerleichterungen herbeizuführen.

In den Jahren 1676 und 1677 sanken die Getreidepreise bedeutend. Nun wären die Bedingungen für eine Ausfuhr ge-

[1] Es sollen freeholders von mindestens 20 L. jährl. Einkommen oder Pächter von mindestens 50 L. jährlich sein, beide von Kornpreisen etwas verstehen, ohne am Kornhandel betheiligt zu sein.

geben gewesen. Auch war seit 1670 die Ausfuhr bei jeglichem Stand der Preise erlaubt worden und nur der Ausfuhrzoll, wie ihn das Gesetz über Tonnen- und Pfundgeld festgesetzt hatte, war geblieben.

Es scheint die Differenz zwischen in- und ausländischen Preisen so gering gewesen zu sein, dass selbst dieser niedrige Zoll sich als ein Hemmniss der Ausfuhr erwies. Wenigstens ist uns eine Unterhausdebatte vom 10. April 1677 erhalten, in welcher der Kampf gegen diesen Zoll aufgenommen wird, und in dem zum letzten Male auf dem Gebiete der Getreidehandelspolitik die merkantilistischen Grundsätze der Republik mit den fiscalischen Interessen der Stuarts sich messen.

Oberst Birch, ein alter Rundkopf,[1] verlangt die Aufhebung des Zolls auf die Ausfuhr von Getreide. Darauf erwidern die Vertheidiger desselben mit der für die Feststellung der damaligen Ausfuhr-Interessenten äusserst wichtigen Bemerkung, dass von den Kornausfuhren, die durch den Wegfall des Zolls bedeutend erleichtert würden, der mittlere Theil des Landes keinen Vortheil habe, denn von da aus könne wegen der ungenügenden Transportmittel das Getreide nicht an die Küste gebracht werden. Darauf erwidert Birch nicht, indem er dies etwa bestreitet, sondern indem er ausführt, der wohlthätige Einfluss des Geldes, das für das ausgeführte Getreide hereinkomme, werde dem ganzen Lande zu gut kommen. Allerdings sei zu besorgen, dass der König für die Schmälerung des Pfundgelds, welche ihm durch den Wegfall des Ausfuhrzolles entstehe, eine Entschädigung verlangen werde; doch könne ihm eine solche durch Erhöhung der Branntweinaccise von 8 auf 10 d. zu Theil werden. Auch sei, falls für das ausgeführte Korn statt Edelmetalls Waaren eingeführt würden, von der Einfuhr derselben Zoll zu entrichten. Ferner sei des Vortheils für die Schiffahrt zu gedenken, welche durch die Ausfuhr belebt werde. Habe man doch auch die Ausfuhr von Bier unterstützt und davon im vorigen Jahr 700 Tonnen ausgeführt![2]

---

[1] Vgl. Macaulay IV p. 270 und V p. 41.

[2] Grey, Debates of the House of Commons from the year 1664-1794. Text. vol. IV p. 341.

Indess es blieb bei dem Ausfuhrzoll, der zu dem dem Könige auf Lebenszeit bewilligten Tonnen- und Pfundgeld gehörte. Der Antrag Birch wurde mit 116 gegen 87 Stimmen abgelehnt.

Für uns aber ist der Antrag trotz seiner Erfolglosigkeit von grosser Bedeutung.

Er zeigt nämlich einmal einen Whig mit einem Anhang von 86 weiteren Stimmen als Antragsteller bei einem Antrage, der die Ausfuhr von Getreide begünstigen soll. Die Tories dagegen, mit 116 Stimmen treten dem Antrage aus politischen Gründen entgegen. Es muss diese Nachricht zu einer Modifikation der Mittheilungen von Schriftstellern vom Ende des 18. Jahrhunderts führen, wonach Wilhelm III. das gleich zu besprechende Gesetz von 1689 im einseitigen Interesse der Tories erlassen habe.[1]

Ferner zeigt der Antrag, welches Interesse die damaligen Landwirthe der London umgebenden Grafschaften und der Seegrafschaften gerade der Ausfuhr ihrer Produkte beilegten. Auch ist dies begreiflich. An eine Einfuhr war naturgemäss nur zu denken, wenn die Preise in Folge einer schlechten Ernte hoch waren. Wenn es sie auch immerhin empfindlich berührte, wenn alsdann die Preise durch die Einfuhr gedrückt wurden, so fand die Einfuhr alsdann höchstens aus den gegenüberliegenden Getreidespeichern Hollands statt, sie war also kostspielig und ein allzu tiefes Sinken der Preise war nicht zu befürchten. Aber von weit grösserem Einfluss auf die Preise als die Einfuhr war bei dem damaligen Stand der Verkehrsmittel der Ausfall der eigenen Ernte. War diese ausserordentlich gut, so bedeutete sie für den Landwirth Ruin. Daher es weit wichtiger für ihn war, in solchen Fällen den Ueberfluss los zu werden, als bei schlechter Ernte ein allzu hohes Steigen der Preise durch Getreideeinfuhren verhindert zu sehen.

Daher finden wir denn auch 1683 bereits theoretisch formulirt den Gedanken, dass es im Interesse des Königs sei, eine Prämie für die Ausfuhr von Korn einzuführen. Ich begegne demselben in einem Citat A. Young's aus einem Schrift-

---

[1] Sir John Dalrymple, Memoirs part II p. 74.

steller, dessen Werke ich mir trotz emsigen Bemühens nicht habe verschaffen können, nämlich aus Houghton's Collection of husbandry and trade, Band II, S. 266.[1] Indess bereits gibt es Schriftsteller, welche unter Hinweis auf Holland darlegen, dass es für den Nationalreichthum viel vortheilhafter sei, statt des Ackerbaus die Gewerbe und statt der Gewerbe den Handel zu treiben, und welche, ähnlich wie Ralegh und die Proklamation Jakobs I., anrathen, nach dem Vorbilde Hollands, Getreidespeicher zu bauen, um darin in billigen Zeiten das Getreide für den Fall der Noth aufzubewahren.[2] Dem gegenüber wird dann von Houghton ausgeführt, dass die Gewerbe bei theuren Lebensmitteln blühender als bei billigen seien. Billigkeit und Ueberfluss erzeuge Trägheit. Daher sei es auch nothwendig, eine hohe Lebenshaltung der Arbeiter zu fördern. Wenn die Arbeiter, was sie zum Leben brauchten, nicht in drei Tagen verdienen könnten, arbeiteten sie vier oder erfänden bessere und billigere Produktionsmethoden. Die Folge sei, dass die Produkte billiger würden und mehr verkauft werde. Daher seien Prämien auf die Ausfuhr von Korn auch im Interesse der Gewerbtreibenden und des Handels.

Dieser Gedanke Houghton's, dass es vor Allem darauf ankomme, hohe Kornpreise zu erzielen, einerlei ob durch Gestattung der Kornausfuhr, durch Kornausfuhrprämien oder durch Erhöhung der Lebenshaltung der Bevölkerung ist derselbe Gedanke, der seit dem oben erörteten Gesetze unter Richard II. in den Einleitungen aller seitdem zur Erleichterung der Ausfuhr erlassenen Gesetze in immer steigendem Masse hervortritt, und bei den Agrarschriftstellern des 18. Jahrhunderts dann die höchste Ausbildung erlangt.[3] In dieser lautet er: Ein hoher Kornpreis ermöglicht dem Pächter seine Rente zu zahlen, viel auszugeben, alles Land zu melioriren, das in seinem Bereich ist, und macht in Folge dessen auch das Einkommen

[1] A. Young, Political Arithmetick p. 110, 111.

[2] Vgl. z. B. Petty, Political Arithmetick p. 12, 32-34; Davenant, Works I p. 86 ff., II p. 225 ff. und passim.

[3] Vgl vor Allem A. Young, Political Arithmetick p. 29 ff., 58-60, 193-197, 276-286.

des Grundeigenthümers regelmässiger und grösser. Weitere Folgen sind eine Vermehrung des Handels und des Staatseinkommens. Der hohe Kornpreis und die darauf folgende Theuerung veranlassen ferner den Gewerbtreibenden fleissiger zu arbeiten. In Folge dieses grösseren Fleisses mehren sich die gewerblichen Produkte. Dies drückt den Preis derselben. Die Folge ist, dass wir neue Kunden erlangen oder dass die Lage unserer alten Kunden, der heimischen (der Landwirthe) wie der ausländischen, so viel besser wird, dass wir ihnen mehr verkaufen können.

Die dieser ganzen Deduction zu Grunde liegende Anschauung, welcher Houghton so energischen Ausdruck gibt, dass Arbeitslohn und Arbeitsleistung im umgekehrten Verhaltnisse ständen, findet sich gleichfalls bei allen englischen Schriftstellern des 17. und 18. Jahrhunderts[1] bis zu Adam Smith,[2] der dann das Entgegengesetzte vertritt und damit Schule gemacht hat.[3] Da die Auffassung Hougton's die aller Schriftsteller ist, welche Arbeiter auf niedriger Kulturstufe vor Augen haben, sei es Arbeiter einer überhaupt tiefstehenden Bevölkerung, sei es Arbeiter, welche, wie häufig die landwirthschaftlichen Arbeiter, niedriger stehen als die übrige Bevölkerung, während die Anschauung A. Smith's von denen getheilt wird, welche über Arbeiter in wirthschaftlich entwickelteren Verhältnissen berichten, so dürfte Professor Brentano Recht haben, wenn er neuerdings in seinen Vorlesungen über Nationalökonomie den Gedanken nahe legt, dass die Veränderung in der Meinung, welche seit A. Smith eingetreten ist, mit einer Veränderung zusammenhänge, welche allmählich mit der Arbeiterklasse selbst eingetreten sei. Die schärfere Anspannung aller Kräfte, welche die seit dem Merkantilsystem eingetretene Verstärkung der

---

[1] Vgl. Lecky, I p. 598-605; A. Young, Polit. Arithm. p. 110, 111; ferner die Ausführungen über den Verfall der Tuchmacherei in den Jahren 1730-1756 in Folge zu grosser Billigkeit des Korns; auch passim in seinen Reisen.

[2] Wealth of Nations I. Buch 8. Kapitel, in der Ausgabe von Macculoch. Edinburgh 1863 p. 37.

[3] Vgl. die bei Brentano, Ueber das Verhältniss von Arbeitslohn und Arbeitszeit zur Arbeitsleistung, Leipzig 1876 p. 12 ff. Angeführten.

internationalen Konkurrenz auch im Innern einer jeden Volkswirthschaft herbeigeführt habe, habe auch die Arbeiter dem sog. Princip der Wirthschaftlichkeit in höherem Masse unterworfen. Daher auch seitdem in Europa nicht mehr die Rede davon, dass hohe Kornpreise den Fleiss der gewerblichen Arbeiter erhöhten und damit die Preise der Industrieprodukte verbilligten; vielmehr das energische Verlangen nach niedrigen Kornpreisen, um die Arbeitsleistung der Arbeiter steigern und die Industrieprodukte verbilligen zu können. Jedenfalls wäre ohne das Durchdringen dieser Smith'schen Auffassung die erfolgreiche Agitation des 19. Jahrhunderts für Abschaffung der Kornzolle überhaupt nicht möglich gewesen.

Zu Houghton's Zeit aber war seine Anschauung über Arbeitslohn und Arbeitsleistung die allgemeine. Auch diejenigen Schriftsteller huldigten ihr, welche England aufs dringendste riethen, aus einem Ackerbau treibenden Lande ein Gewerbe und Handel treibendes Volk zu werden und statt die Förderung von Getreidebau und Viehzucht zu verfolgen das holländische Muster nachzuahmen. Noch aber fehlten die Gewerbtreibenden in England, welche gewichtige Interessen für diese Forderung hätten in die Wagschale werfen können. England war eben noch ein agrarisches Land. Konnte doch noch 1747 ein englischer Schriftsteller schreiben: [1] « Grossbritannien unterscheidet sich von Holland wie ein Pächter auf dem Lande von einem Krämer in London». Und so erlangten die Postulate Houghton's den Sieg.

---

[1] John Smith, Memoirs of Wool vol. II p. 523.

IV.

Das Ausfuhrprämiengesetz von 1689.

Am 5. Mai 1689 (neuen Stils) bestätigte Wilhelm III. ein « Gesetz zur Beförderung der Ausfuhr von Getreide », den 1. Gul. et Mar. c. 12. Das Gesetz besagt:

Die Erfahrung habe gezeigt, dass die Ausfuhr von Getreide ins Ausland, wenn der Preis im Königreiche niedrig stehe, von grossem Vortheil sei sowohl für die englischen Grundeigenthümer als auch für den englischen Handel im Allgemeinen. Dem entsprechend solle, wenn der Quarter (Winchester Mass) Malz oder Gerste 24 s. und weniger, der Quarter Roggen 32 s. und weniger, der Quarter Weizen 48 s. und weniger in irgend einem englischen oder wallisischen Hafen betrage, jede Person, welche heimisches Korn ins Ausland verschiffe, eine Ausfuhrprämie erhalten im Betrage von 2 s. 6 d. pro Quarter Malz oder Gerste, von 3 s. 6 d. pro Quarter Roggen und von 5 s. pro Quarter Weizen, indess nur unter der Voraussetzung, dass der Eigenthümer und mindestens zwei Drittel der Seeleute des Schiffs, in dem die Verfrachtung stattfinde, Unterthanen Seiner Majestät seien. Der verschiffende Kaufmann habe den Zollbehörden eine schriftliche Erklärung über Menge und Art des verschifften Getreides zu übergeben; dieselbe sei durch den Eid einer oder von mehr glaubwürdigen Personen zu bestätigen; auch müsse der verschiffende Kaufmann Pfand hinterlegen, dass das verschiffte Getreide wirklich ins Ausland ausgeführt und nicht wieder gelandet werde in irgend einem Hafen von England,

Wales, der Inseln Guernsey und Jersey und der Stadt Berwick am Tweed, im Verhältniss von 200 L. für je 100 Tonnen Korn. Erst darauf hin sollen die Zollbehörden die Ausfuhrprämien entrichten; auch sollen sie von der Ausfuhr so verschifften Getreides keinerlei Zoll oder Gebühr erheben. Das als Pfand hinterlegte Geld solle zurückgegeben werden, wenn der verschiffende Kaufmann ein mit dem Amtssiegel versehenes Zeugniss des Hauptmagistrats des überseeischen Landungsplatzes des Getreides und das besiegelte Zeugniss zweier an demselben befindlichen, bekannten englischen Kaufleute, dass das Korn dort ausgeschifft worden sei, beibringe oder wenn er durch glaubwürdige Personen beweise, dass das verschiffte Korn von den Feinden genommen oder auf der See untergegangen sei.

Hiermit war also das Verlangen, welches Houghton in seinem 1683 der Krone gemachten Vorschlage gestellt hatte, erfüllt. Bei niedrigen, und zwar nicht einmal sehr niedrigen Getreidepreisen, sollte nicht nur jeder Ausfuhrzoll wegfallen, sondern sogar noch eine Ausfuhrprämie bezahlt werden. Uebersteige dagegen der Preis des Quarters Weizen 48 s., des Quarters Roggen 32 s., des Quarters Melz oder Gerste 24 s., so seien die durch das Gesetz über Tonnen- und Pfundgeld bestimmten Ausfuhrzölle zu entrichten, wie sie 1660 festgesetzt worden seien (2 Gul. et Mar. c. 4). — Erst vom 30. März 1700 ab fiel « zur weiteren Ermunterung des Ackerbaus » auch dieser Ausfuhrzoll völlig fort (11. Gul. c. 20).

Wie ist es nun gekommen, dass dieses Gesetz erlassen wurde, welches das Mass aller zu Gunsten irgend eines Erwerbszweigs bis dahin in England erlassenen Massregeln weit überschritt? Einfuhrverbote zu Gunsten heimischer Produkte waren zu Gunsten der verschiedensten Erwerbszweige bereits erlassen worden. Desgleichen hatte es an Ausfuhrverboten für Rohmaterialien, welche gewisse Industrieen benöthigten, bisher nicht gefehlt. Auch Prämien für die Produktion gewisser Güter, wie für die Erbauung von Schiffen von bestimmtem Tonnengehalt, waren nichts Neues. Dagegen waren Prämien für die Ausfuhr eines heimischen Produkts ins Ausland bislang in England noch unerhört, und die neu statuirte Ausfuhrprämie war um so auffallender, als das Produkt, dessen Ausfuhr prämiirt wurde, das tägliche Brod war. Wie ist Wilhelm III. dazu gekommen ein solches Gesetz zu erlassen?

Es gibt eine Antwort hierauf in Sir John Dalrymple's Geschichte von Grossbritannien und Irland unter Wilhelm III. Dort heisst es:[1]

«Keine Nation verknüpft Handlungs- und politische Vortheile so sehr wie die englische. Das Parlament beschloss ein Gesetz, worin aller Handel mit Frankreich verboten wurde, und bat den König in einer Adresse, eben dieses Verbot, auch bei anderen Nationen zur Bedingniss seiner Allianz mit ihnen zu machen, was er bewilligte. Es beschloss ein weiteres Gesetz, worin ein Preis auf die Ausfuhr des Korns gesetzt wurde. Die Tories, welche die reichsten Landeigenthümer waren, begehrten dieses als eine Gegengefälligkeit für ihre Einwilligung zu einer Grundsteuer von drei Schilling vom Pfund, die höchste Grundsteuer, von der man jemals in England gehört hatte. Die erste dieser Einrichtungen machte Frankreich siech und schwindsüchtig, die zweite gab England Grösse und Gesundheit. Fremde waren erstaunt, zu sehen, dass eine so weise Nation Belohnungen auf die Ausfuhr von Lebensmitteln setzte, denn sie verstanden nicht, dass dadurch die Industrie des Volkes und die Fruchtbarkeit der englischen Felder über die aller benachbarten Nationen sich erheben würde.»

Eine ähnliche wenn auch in etwas abweichende Erklärung gibt Arthur Young. Er nennt die Ausfuhrprämie die Belohnung, welche den Grundeigenthümern zu Theil geworden sei für die Dienste, welche sie Wilhelm III. bei Erlangung der Königskrone geleistet hätten.[2] Er bezeichnet also nicht blos die Rücksicht auf die Tories als Ursache des Gesetzes, und ferner spricht er davon nicht als von einer Gegenleistung für die Bewilligung der Grundsteuer. Und allerdings würde es irrig sein, wollte man in der Ausfuhrprämie eine Tory-Forderung als solche erblicken. Denn, wie wir sahen, traten bereits unter Carl II. so entschiedene Whigs, wie der Oberst Birch,

---

1 Sir John Dalrymple, a. a. O. p. 74.

2 A. Young, Polit. Arithm. p. 29.

für Ausfuhrbegünstigungen für Getreide ein, während die Tories damals aus Rücksicht auf die dem König dadurch erwachsende Schmälerung seines Einkommens widersprachen. Young mag somit Recht haben: es handelte sich um eine Forderung der Grundeigenthümer als solcher, einerlei ob Whig oder Tory. Aber allerdings gehörte die überwiegende Zahl der Grundeigenthümer zu den Tories. In der Hauptsache dürften Dalrymple und Young also doch übereinstimmen. Und ebenso dürfte der Dienst, den die Grundeigenthümer Wilhelm III. bei seiner Thronbesteigung erwiesen, so dass sie dafür besondere Belohnung beanspruchen konnten, in der Bewilligung der Grundsteuer bestanden haben. Denn in den allerdings bis zur Unverständlichkeit zusammengedrängten Berichten über die Parlamentsverhandlungen gelegentlich der zur Unterwerfung Irlands und zur Kriegsführung zu bewilligenden Gelder, heisst es in der Rede des für grosse Geldbewilligungen eintretenden Sir Robert Howard: «Wir werden in Wirklichkeit eine Grundsteuer zu unserem Vortheil zahlen beim Verkaufe von Getreide.»[1] Und wie A. Young berichtet, erwartete man von dem Wegfall des Ausfuhrzolls und dem Zahlen einer Ausfuhrprämie, so lange der Quarter Weizen 48 s. und weniger kostete, eine bedeutende Preissteigerung des Getreides.

Indess Sir John Dalrymple schrieb 1771 und Arthur Young 1774. Keiner von Beiden führt Quellenbelege für seine Angaben an, und es ist auffallend, dass — wenn man das eben angeführte Citat aus Grey nicht etwa ausnehmen will, — keine der zeitgenössischen Quellen, die mir zu Gebote stehen,[2] der von Dalrymple und Young berichteten Transaktion erwähnt. Nun ist möglich, dass andere Quellen, die ich nicht einsehen konnte, darüber Näheres enthalten. Aber selbst wenn dies

---

[1] «We are, in effect, paying a land-tax to our advantage in the sale of corn.» Grey's Debates IX p. 184-186.

[2] Chandler's Proceedings of the House of Commons vol. II 1742. — The History and Proceedings of the House of Lords vol. I 1742. — Burnet's History of his own time. 2. ed. Oxford 1833. — Luttrel's Brief Historical Relation of State Affairs vol. I Oxford 1857. — A Selection from the Harleian Miscellany of Tracts. London 1793.

nicht der Fall wäre, würden ganz abgesehen von der Ueberlieferung über die Entstehungsursachen der Kornausfuhrprämie, der Dalrymple und Young Ausdruck geben, die blossen Gesetze selbst und das, was wir sonst über die allgemeinen Verhältnisse zur Zeit der Thronbesteigung und Regierung Wilhelms III. wissen, in hohem Masse für die Richtigkeit der Angaben Dalrymple's und Young's sprechen.

Die Engländer nennen die Revolution von 1688 die «glorreiche», weil der radikale Umschwung, den die unerträglichen Verhältnisse nöthig machten, statt auf blutigem auf friedlichem Wege herbeigeführt wurde. Bei Licht besehen, gehört diese Bezeichnung «glorreich» wohl allerdings zu jenen historischen Legenden, welche von Interessenten in die Welt gesetzt sich unglaublich lang in Folge der Stumpfheit ihrer Nachbeter erhalten. Wenigstens darf man mit dem Worte «glorreich» keinen Gedanken an etwas Heroisches weder nach der Seite des Charakters noch des Geistes noch der Kriegsthaten verbinden. Nicht als ob Schreiber dieses die Vertreibung Jakobs II. und die Thronbesteigung Wilhelms III. nicht für etwas hielte, was völlig berechtigt gewesen wäre. Aber die Mittel, durch welche die Umwälzung zu Stande kam und das neue Regiment gefestigt wurde, waren Treulosigkeit und Verrath auf der einen und systematisch betriebene Bestechung auf der anderen Seite.

Als sieben Männer ersten Ranges, die Grafen von Shrewsbury, Devonshire und Danby, der Bischof Compton von London, Lord Lumley, der Admiral Russel und Henry Sidney, und durch ihn, den Liebhaber seiner Frau, sogar der Präsident des geheimen Rathes Sunderland, an den Statthalter der Niederlande die Aufforderung schickten, England von Papstthum und Gewaltherrschaft zu befreien, war Wilhelm von Oranien das Haupt des Widerstands gegen die auf Universalmonarchie gerichteten Gelüste Ludwigs XIV. Nach Voltaire hatte sich Frankreich noch niemals in einem so blühenden Zustand befunden wie von dem Tode des Kardinals Mazarin bis 1689. Colbert hatte seine Gewerbe belebt, seinen Handel erfunden und seine Kassen gefüllt; Louvois hatte ihm siegreiche Heere gegeben. Ihm gegenüber standen Spanien, der Herzog von Savoyen, der deutsche Kaiser und diesmal sogar auch das Reich, welche Alle sich gegen die Ländergier Ludwigs zu wehren hatten, ferner Holland, welches in den Interessen, in denen die Menschen am empfindlichsten sind, denen der Religion und des Geldbeutels, von Ludwig bedroht war. In beiden Beziehungen war die Stellung des englischen Volkes der der Holländer völlig gleich. Aber sein König Jakob II. war der Verbündete Ludwigs XIV. und sein Quasi-Vasall.

Indem Wilhelm III. die ihm angetragene englische Krone annahm, brachte er aus Holland seine Frankreich feindliche Politik mit,[1] und indem er, um Frankreich zu schädigen, dessen Handel zu ruiniren suchte, kam er nicht nur den Wünschen der Holländer, sondern auch den nationalen und kommerziellen Aspirationen der Engländer entgegen. Allein mit der blossen Aussicht auf Kriegsruhm und der Befriedigung der Handelsinteressen der City hätte Wilhelm das noch ganz überwiegend agrarische und gutrechnende Volk kaum dazu vermocht, seine, des illegitimen Königs, kriegerische Politik dauernd zu unterstützen. Hierzu hatte er noch ganz andere Aufgaben zu erfüllen. Sein Streben musste vor Allem dahin gehen, alle Parteien im Innern mit seiner rechtlich anfechtbaren Thronbesteigung zu versöhnen und an sich zu fesseln, indem er dem durch fünfzigjährige Parteikämpfe zerrütteten Land in allen seinen Klassen zur ersehnten Freiheit und zum Wohlstand verhalf. Nur so konnte er das englische Volk sowohl fähig als auch willig machen, die enormen Lasten, deren Auflegung die grossen Kriege gegen Frankreich nothwendig machten, zu tragen. Nur dann konnte es zu einer glänzenden Machtentfaltung nach Aussen gelangen. Erscheint uns, denen heute die Akten jener Zeit offen liegen, das ganze England, wie es aus der Sittenlosigkeit der Restauration hervorgegangen war, von der Thronbesteigung Wilhelms bis lange nach Walpole, nur als eine Börse, auf der nahezu Alles und Jeder feil war,[2] und

---

[1] Vgl. Ranke, Sämmtliche Werke XX p. 1.

[2] Vgl. Lecky a. a. O. z. B. I p. 465 ff. und an vielen anderen Stellen; ferner Swift's und Lord Bolingbroke's verschiedene, ihre Zeit behandelnden, satyrischen, historischen und politischen Schriften und sehr viele andere politische Schriftsteller der Zeit.

finden wir dem entsprechend als das Hauptmittel, mit dem damals die Grossen und Einflussreichen gewonnen wurden, die individuelle Bestechung mit unerhört bezahlten Aemtern, mit Gütern und geradewegs mit Geldsummen, so erscheint es fast als selbstverständlich, dass, wo es sich um die Gewinnung von Klassen handelte, die weitestgehende Berücksichtigung der einer jeden von ihnen eigenthümlichen Interessen stattfand. So auch erklären sich leicht alle Massnahmen, welche Wilhelm traf von seiner Landung in Torbay bis zum Schlusse der ersten Session seines ersten Parlaments, ja bis zum Ende seiner ganzen Regierung. Vergegenwärtigt man sich diese Sachlage, so erscheinen auch seine wirthschaftlichen Gesetze als mit Nothwendigkeit durch die konkreten Verhältnisse gegeben.

Der gesellschaftliche, wirthschaftliche und politische Zustand Englands um 1688 wurde oben eingehend dargelegt. Ihn, sowie auch die ganze Entwickelung der auswärtigen Getreidehandelspolitik, wie sie oben erzählt wurde, muss man bei der Beurtheilung des Folgenden durchweg vor Augen haben.

Am 5/15. November 1688 landete Wilhelm in der Bucht von Torbay in Devonshire. Der Hauptmast seines Schiffes hatte die englische Flagge getragen mit der Inschrift: «pro religione protestante pro libero parlamento» und darunter den stolzen oranischen Wahlspruch: «Je maintiendray». Alsbald strömten ihm, nachdem er sein Heer ausgeschifft hatte, die Engländer in Menge zu, und mit Leichtigkeit vollzog sich sein Marsch durch die westlichen Grafschaften nach London. Aber bereits auf diesem Marsche hatte Wilhelm Gelegenheit einen Hauptwunsch des Volkes kennen zu lernen, der bei seinen sofortigen Massnahmen zur Gewinnung der Volksgunst eine Rolle spielen sollte. Wie Bischof Burnet[1] erzählt, trat bei seinem Vordringen durch die Grafschaften allenthalben das Begehren an ihn heran, die Herdsteuer abzuschaffen.

Diese Herdsteuer,[2] eine neue Auflage des alten fuagium der normännischen Könige, war 1662 unter Karl II. wieder

[1] Burnet, a. a. O. IV p. 23.

[2] Ueber die Herdsteuer (15. Car. II c. 13 und 16. Car. II c. 3) vergleiche Dalrymple, a. a. O. II p. 11 u. 12; Macaulay, a. a. O. II p. 14 ff.

eingeführt worden und hatte zur steigenden Unpopularität der Stuarts erheblich beigetragen.[1] Es musste danach von jedem Herde oder Ofen in allen Privat-, Gast-, Club- u. s. w. Häusern eine Abgabe von 2 s. jährlich bezahlt werden. Ausgenommen waren nur die wegen Armut von der Kirchen- und Armensteuer Befreiten, diejenigen, welche in einem Hause von unter 20 s. jährlichem Miethzins wohnten und nicht mehr Land als unter 20 s. jährlich Pachtzins gepachtet hatten oder deren Besitzungen weniger als 10 L. betrugen. Die Steuer war von fiscalischem Gesichtspunkt vortrefflich, denn sie brachte verhältnissmässig viel in sicherer Weise ein. Allein sie war unglaublich verhasst. Sie galt als von Frankreich gekommen und die französischen direkten Steuern galten dem Engländer von Alters als Zeichen des sklavischen Zustands des französischen Volks. Noch dazu konnte sie nur unter Vornahme von Hausbesichtigungen erhoben werden und verstiess somit gegen die obersten Begriffe von englischer Freiheit. Sie traf ferner Klassen, welche bisher von direkten Steuern frei gewesen. Endlich war sie verpachtet und, wie Macaulay bemerkt, unter allen Gläubigern ist der Steuerpächter der habgierigste. « Die armen Hausbesitzer waren häufig nicht im Stand, ihre Herdsteuer am gehörigen Tag zu bezahlen. Trat dies ein, so wurde ihr Hausgeräth schonungslos weggenommen. Ja das einzige Bett einer armen Familie ist zuweilen weggenommen und verkauft worden, und es heisst, dass sobald die Einsammler der Herdsteuer sich auf der Schwelle einer Hütte zeigten, die Kinder zu wehklagen anfingen und die alten Weiber eilten, ihre irdene Waaren zu verstecken. » Selbst in Volksliedern tritt uns der Schrecken, den das Volk beim Erscheinen des Herdmanns erfasste, entgegen.

Wilhelm merkte sich die ihm entgegentönenden Klagen und versprach, das Parlament um Abhülfe anzugehen.

Am 18. Dezember 1688 war Wilhelm im londoner Königspalast unter den jubelnden Zurufen des Volkes eingezogen. Den geistlichen und weltlichen Lords, die er am 21. Dezember um sich versammelte, erklärte er, sich nur die Leitung der

---

[1] Vgl. Ranke, Sämmtliche Werke XVII p. 361.

militärischen Angelegenheiten vorbehalten zu wollen; ihnen überlasse er die Bestimmung über die bürgerliche Regierung und über die Einberufung des Parlaments. Am 1. Februar 1689 trat dieses neue Parlament, die Convention, zusammen, und an demselben Tage schon trugen Lords und Gemeine dem Prinzen von Oranien die dauernde Regierung des Landes an,[1] in militärischen wie in bürgerlichen Dingen.

Nun ist es charakteristisch für den englischen Geist, dass während noch die schwierigsten Fragen, ob Wilhelm König werden solle oder nicht, wie die Thronfolge zu ordnen sei u. dgl. ganz in der Schwebe waren, das Unterhaus am 9. Februar bereits einen Ausschuss niedersetzte mit dem Auftrage, die Handelsbeziehungen zwischen England und Frankreich in Erwägung zu ziehen.[1] Sofort also traten die wirthschaftlichen Interessen der City, die bei der Umwälzung ein grosser Faktor waren, hervor.

Nicht minder bemerkenswerth ist, dass das Unterhaus bereits am 13. Februar neben Anträgen auf Abstellung anderer Beschwerden auch einen auf wirksame Beseitigung der mit der Erhebung der Herdsteuer verbundenen Missbräuche und Bedrückungen beschloss.[2]

Elf Tage später, am 24. Februar, werden dann Wilhelm und Maria als König und Königin proklamirt.[3]

Allein alsbald schwindet die erste Begeisterung des Volks, welche Wilhelm bis dahin getragen hatte. Der ernste, kalte, steife Holländer gefiel den Wenigsten, und man fing an, an die liebenswürdige Herablassung der Stuarts mit Seufzern zurückzudenken. Die Jakobitische Reaktion war in den Monaten Februar und März zusehends im Steigen.[4] Andererseits zeigte sich die gehässige Verfolgungssucht der dem neuen Regimente ergebenen Whigs gegenüber denjenigen, welche die vorausgegangene Re-

---

1 Journals of the House of Commons p. 15.

2 Ibidem p. 17.

3 Ibidem p. 29.

4 Vgl. auch Onno Klopp, Der Fall des Hauses Stuart. IV. Wien 1876 p. 385.

gierung gestützt hatten, als ebenso gefährlich für die Consolidirung des Reichs.

Verfolgen wir die Verhandlungen zwischen König und Parlament Schritt für Schritt in chronologischer Reihenfolge, um die Schwierigkeiten kennen zu lernen, welche Wilhelm im Wege standen, und die Massnahmen zu verstehen, welche er zur Ueberwindung derselben ergriff!

Am 9. März beschliesst das Unterhaus, dass mit der Entfernung Jakobs II. die Bewilligung von Einkünften, die zu seinen Gunsten stattgefunden hatte, hinfällig geworden sei.[1] Da diese Bewilligungen immer nur für die Regierungszeit der einzelnen Könige stattzufinden pflegten, war der Beschluss in Uebereinstimmung mit den Gesetzen. Nun aber gilt es, auch Wilhelm III. Gelder zu bewilligen und zwar nicht blos diejenigen, welche er zur Führung der Verwaltung im Frieden, sondern auch die, welche er zum Kriege benöthigt. Die Frage ist, wie sich das Unterhaus hierbei verhalten wird.

Da theilt der König am 10. März dem Unterhaus mit, Jakob habe sich in Frankreich nach Irland eingeschifft, um dieses in Aufruhr zu setzen. Das Unterhaus, in dem die Whigs vorherrschen, beschliesst unter dem Eindruck von der Gefahr «dass das Haus zum Könige stehen und ihn mit Leben und Gut unterstützen werde, die auswärtigen Allianzen aufrecht zu erhalten, Irland zu unterwerfen und die protestantische Religion und die Gesetze des Landes zu vertheidigen.» Und Niemand erhebt Widerspruch.[2] Auch werden am folgenden Tage dem König für die Bedürfnisse des Augenblicks 420 000 L. bewilligt, die innerhalb der nächsten 6 Monate (68 820 L. 19 s. 1 d. den Monat) zu erheben sind.[3]

Dies ist trotz aller schönen Worte in der That nur für die Bedürfnisse des Augenblicks. Die Bewilligung ist in ihrer Art und Grösse ein Anzeichen dessen, was die Zukunft noch mehr bestätigen soll, dass nämlich das Haus in der Geldbewilligung sehr zäh sein werde. Dabei finden Verschwörungen

[1] Commons Debates vol. II p. 277.

[2] Journals of the House of Commons p. 36.

[3] Ibidem p. 37.

der Jakobiten gegen Wilhelms Leben statt, welche eine Suspension der Habeas Corpus Akte nothwendig machen, um sie wirksam zu unterdrücken. Wie wird sich das Parlament, in dem die Whigs mit ihren Erinnerungen an das, was man unter Jakob II. gelitten hatte, vorherrschen, dazu verhalten?

Da erinnert sich Wilhelm der Bitten um Abschaffung der Herdsteuer. Das Unterhaus hatte nur die Abstellung der mit seiner Erhebung verbundenen Missbräuche gefordert. Der vollständige Verzicht des Königs auf dieses feste Kroneinkommen erscheint als Mittel, die Herzen zu gewinnen. Von ihm geht der Gedanke im Staatsrath aus,[1] und am 12. März entsendet er zwei Botschaften ans Unterhaus, eine in dem er ihm die völlige Beseitigung der Herdsteuer anheimstellt mit der Bemerkung: « und wie S. Majestät hierin den Bedürfnissen ihrer Unterthanen entgegenkommt, so zweifelt Sie nicht, dass Ihr auch auf die Unterstützung der Krone bedacht sein werdet», eine andere, worin er um Rath fragt, wie er ohne Verletzung der gesetzlichen Freiheiten, besonders der Habeas Corpus Akte, sich und seine Regierung gegen die Verschwörung der Jakobiten zu schützen vermöge.[2]

Die erstere der beiden Botschaften erregt den Enthusiasmus des Unterhauses. Es treten verschiedene Redner auf, welche mit Nachdruck betonen, dass der Gedanke der Abschaffung vom Könige allein ausgegangen sei. Es wird eine Dankadresse beschlossen, in der es heisst: « Ew. Majestät haben unsere Herzen mit vollkommener Genugthuung und Dankbarkeit durch dieses höchst gnädige Anerbieten, das ohne jedweden Vorgang ist, erfüllt, und in tiefster Ehrerbietung bitten wir um Erlaubniss, Ew. Majestät versichern zu dürfen, dass wir dankbare und ergebene Gegenleistungen machen und der Krone solche Unterstützung angedeihen lassen werden, dass die Welt, zur Entmuthigung Ihrer Feinde, und Genugthuung aller Guten, erkennen möge, dass Ew. Majestät in den Herzen Ihrer Unterthanen regiert, was lang zu dauern Gott gewähren möge.»

---

[1] Grey's Debates IX p. 128.

[2] Journals of the House of Commons p. 38, 39.

In derselben Sitzung beschliesst das Haus ein Gesetz, welches gestattet, der Verschwörung verdächtige Personen in Haft zu nehmen bis zum 28. April, an welchem Tage die Gerichtssitzungen beginnen.[1]

Am 16. März schon setzt das Unterhaus einen Ausschuss nieder mit dem Auftrag einen Gesetzentwurf zur Abschaffung der Herdsteuer auszuarbeiten.[2] Aber auch Wilhelm versteht es, das Eisen zu schmieden, so lange es heiss ist. Die Holländer haben das zu seiner Expedition nöthige Geld vorgeschossen und Fl. 7301322,1,8 als Kosten derselben liquidirt. Da übersendet Wilhelm am 19. März eine Antwort auf die Adresse des Unterhauses, dankt darin für die ihm entgegengebrachte Gesinnung, macht constitutionelle Gegenversprechen, hebt aber auch sofort hervor, wie nöthig es sei, die Rechnung des alliirten Holland zu zahlen, ferner dass die Unterwerfung Irlands und die Bekämpfung Frankreichs grosse Flotten erheische und dass es nöthig sei, die öffentlichen Einnahmen so festzusetzen, dass ihre Erhebung keinen Streit verursache. All dies koste viel Geld. Aber für Religion und Freiheit werde kein Preis zu gross sein.[3]

Dies ruft zwar eine Abkühlung hervor. Zunächst werden am 22. März dem König, aber nur für ein halbes Jahr, nur die Einkünfte bewilligt, welche unter Carl II. und Jakob II. die Krone bezog. Da kommt die an der Stabilität des neuen Regiments durch die demselben gemachten Vorschüsse und an der Niederwerfung Frankreichs aus Handelsrivalität so stark interessirte City zu Hülfe. Sie verfasst zwei Adressen, die eine an den König, die andere an das Unterhaus. In der ersteren wird dem König ähnlich wie dies seitens des Unterhauses geschehen ist, für die Absicht die Herdsteuer abzuschaffen gedankt und jede Unterstützung versprochen.[4] In der zweiten dankt sie dem Unterhaus, dass es dem Könige in einer Adresse seine Unterstützung zugesagt habe, und das Unterhaus

---

1 Ibidem.

2 Ibidem p. 42.

3 Ibidem p. 44, 45.

4 Luttrel, a. a. O. vol. I p. 509.

dankt nun wieder der City unter Hervorhebung ihrer politischen Verdienste, unter denen die Wilhelm III. gemachten Vorschüsse besonders betont werden.[1]

Gleichzeitig beginnt das neue Regiment auch eine lebhafte Thätigkeit auf dem Gebiete der Wirthschaftsgesetzgebung zu entfalten. Gesetzentwürfe zur Schiffbarmachung von Flüssen sollen die Verkehrsadern mehren, auf denen allein damals im Innern Getreide verfrachtet werden kann.[2] Ein anderer Gesetzentwurf im Interesse der Tuchmanufaktur bezweckt die bessere Verhinderung der Wollausfuhr.[3] Dienen diese Entwürfe dazu, die verschiedenen Interessenten zu gewinnen, so halten andererseits Nachrichten über die Meuterei gewisser Regimenter in Irland den Patriotismus in Athem.[4]

Endlich schreitet am 26. März das Unterhaus zur Erörterung der Forderungen der Holländer.[5] Der Widerstand, den sie finden, ist gross. Es wird den Holländern vorgeworfen, sie hätten England nur eine Schuld der Dankbarkeit abgezahlt, indem sie den Engländern den Dienst wiedervergalten, den diese ihnen unter Elisabeth gegen die Spanier geleistet. Ferner hätten die Holländer nur in ihrem eigenen Interesse gehandelt, denn England unter Jakob II. würde so viel wie England unter französischem Einfluss, d. h. England als Gegner des von Ludwig XIV. bedrängten Holland gewesen sein.[6] Endlich habe die Expedition den Holländern gar nicht so viel gekostet; sie machten dabei ein Geschäft.[7] Schliesslich werden dann trotz aller dieser Einwendungen dem Könige 600000 L. bewilligt, um die Holländer zu befriedigen. Im Ganzen aber macht sich ein sehr langsames Hinziehen der Geldbewilligungsdebatten bemerklich.

---

1 Journals of the House of Commons p. 47.
2 Ibidem p. 42, 49.
3 Ibidem p. 47.
4 Ibidem p. 49.
5 Ibidem p. 50.
6 Grey's Debates IX p. 169; Commons Debates II p. 284.
7 Grey's Debates IX p. 163.

Indess auch Wilhelm ist zäh, und durch sorgfältige Wahrung aller Sonderinteressen sucht er Anhang zu gewinnen und sein Ziel zu erreichen. Am 27. März lässt er einen Gesetzentwurf zur Wiederverleihung der den Städten von den Stuarts entzogenen Korporationsrechte einbringen.[1] Am 29. März findet die erste Lesung des Gesetzentwurfs zur Beseitigung der Herdsteuer statt.[2]

Allein nun stösst dieser Gesetzentwurf plötzlich auf Opposition. Dieselbe entsprang aus zwei Motiven.[3]

Einmal war gerade die Popularität der Massregel ein Grund, warum ihr Viele entgegen waren. Die Whigs, welche sie mit Eifer vertreten hatten, mussten daraus grossen Vortheil ziehen, vor Allem aber der König, dem das Verdienst der Massregel zukam. Dies war ein Grund warum die Tories dagegen waren.

Der andere Grund ihres Widerstands war der, dass es klar war, dass der Ausfall in den Einnahmen, der durch die Beseitigung der Herdsteuer herbeigeführt würde, Ersatz finden müsste. Diesen Ersatz konnte bei den damaligen wirthschaftlichen Verhältnissen nur die Grundsteuer geben, denn die Landwirthschaft war eben damals der wichtigste Wirthschaftszweig des Landes. Für die grundbesitzenden Tories aber war gerade diese Aussicht begreiflicher Weise ein weiterer Grund gegen die Abschaffung der Herdsteuer, und mit Lebhaftigkeit betonten sie, diese sei eine sicherere Grundlage, um Geld geborgt zu erhalten, als jedwede andere Steuer.

Da wurde am 30. März der Gesetzentwurf eingebracht, nach dem bei niedrigen Kornpreisen die Kornausfuhr prämiirt werden sollte, zu dem Zweck, um die Kornpreise hochzuhalten und zu erhöhen.[4]

Vergegenwärtigt man sich die wirthschaftlichen, gesellschaftlichen und politischen Verhältnisse Englands um 1689, wie sie oben dargelegt wurden, und den Verlauf, welchen die Entwickelung der englischen Getreidehandelspolitik seit Elisabeth

---

1 Journals of the House of Commons p. 51.

2 Ibidem p. 52.

3 Dalrymple, a. a. O. II. pp. 11, 12.

4 Journals of the House of Commons p. 52.

mehr und mehr genommen, sowie die weiteren Wünsche, welche, wie gezeigt, die englischen Grundbesitzer beseelten, so muss zugegeben werden, dass ein geschickterer Zug nicht geschehen konnte.

Ein ernsthafter Interessengegensatz hinsichtlich der Getreidehandelspolitik, welcher gegen die Massregel gesprochen hätte, war um 1689 noch nicht in England vorhanden. Thatsächlich war, wie wir sahen, für die grosse Anzahl der Grundbesitzer, Pächter, Bauern und Städter, nämlich für Alle, welche nicht in den südlichen Grafschaften oder in der Nähe der See wohnten, die auswärtige Getreidehandelspolitik sogar gleichgültig; denn wegen der Mangelhaftigkeit der Verkehrsmittel wurden sie weder von Einfuhr- noch von Ausfuhr-Begünstigungen oder Erschwerungen getroffen. Durch die Getreidehandelspolitik wirklich berührt wurden zunächst nur erst die Grossgrundbesitzer und Pächter in den London umgebenden und an Wasserstrassen, vor Allem an der See gelegenen Grafschaften, sowie die für das ganze politische Leben äusserst wichtige Stadt London. In London allerdings gab es bereits Gewerbtreibende, welche ein Interesse hatten an Einfuhrfreiheit und Ausfuhrverboten. Allein ihre Zahl war noch vergleichsweise gering und ihre Bedeutung ganz unerheblich. London war sowohl wirthschaftlich als auch politisch noch eine rein commercielle Stadt. Das commercielle Interesse von London aber ging nur dahin, dass überhaupt Getreidehandel stattfand, einerlei ob Getreide-Einfuhr oder -Ausfuhr; eher dass es bei Ausfuhrbegünstigungen noch mehr seine Rechnung fand.[1] Vor Allem aber ging das wirthschaftliche und politische Interesse der massgebenden londoner Grosskaufleute dahin, jede ihren commerciellen Interessen nicht direkt widersprechende Massregel zu begünstigen, welche die Regierung des Königs, in welche sie so viel Kapital gesteckt hatten, zu festigen versprach. Und dies versprach das Ausfuhrprämiengesetz. Denn kam dasselbe unmittelbar auch nur erst der oben bezeichneten beschränkten Zahl von Grossgrundbesitzern

---

[1] Vgl. oben p. 53; ferner A. Smith, Wealth of Nations IV. Buch; 5 Kapitel. Ausgabe von Macculloch, Edinburg 1863 p. 228.

und Pächtern zu gut, so eröffneten die gleichzeitig in Aussicht genommenen Verbesserungen der Verkehrsmittel doch allen Landwirthen die Aussicht in den Kreis derer, die von der Massregel Vortheil ziehen würden, einbezogen zu werden. Die wirthschaftliche Phantasie aller Grossgrundbesitzer wurde um so mehr angeregt, als die gesammte Wirthschaftspolitik des Jahrhunderts, die Entwicklung der Getreidehandelspolitik insbesondere und die Agrarschriftsteller sie seit Decennien gewöhnt hatten, in Ausfuhrbegünstigungen ihrer Produkte das Heil zu erblicken. Goldene Träume machten sie bereit, dafür sowohl in die Ersetzung der Herdsteuer durch die Grundsteuer zu willigen als auch die Regierung zu stützen, welche solche Vortheile brachte.

Dies zeigt sich sofort am 31. März, an dem sowohl die zweite Lesung des Gesetzes zur Beseitigung der Herdsteuer[1] als auch die Bewilligung von 1 200 000 L. als regelmässiges Einkommen der Krone zur Bestreitung der Verwaltungsausgaben in Friedenszeiten stattfindet.[2] Noch mehr aber tritt es am 1. und 2. April in der Debatte über die Bewilligung einer Grundsteuer von einer Höhe, wie sie bis dahin unerhört gewesen, zum Zweck der Kriegsführung hervor. In dieser Debatte fällt das schon oben citierte Wort des Sir Robert Howard «Wir bezahlen in Wirklichkeit die Grundsteuer zu unsrem eigenen Vortheil beim Verkaufe von Korn.» Und Alle erklären sich dahin, dass der Krieg mit möglichster Energie geführt, dass das dazu nöthige Geld bewilligt und dass die Bewilligung so eingerichtet werden müsse, dass der König möglichst viele Alliirte erhalte, so dass diese nämlich sähen, dass dem König die zur Kriegsführung nöthigen Mittel dauernd zur Verfügung ständen.[3]

Am 5. April erscheint eine neue Massnahme des Königs, um das Volk zu einen, die Gemüther sich zu gewinnen und damit das Land auch nach Aussen zu stärken. Er erlässt eine

---

[1] Journals of the House of Commons p. 53.
[2] Ibidem p. 56.
[3] Grey's Debates IX p. 181-186.

Botschaft an das Parlament, in der er ein Gesetz zum Zweck allgemeinen Vergessens und Verzeihens anregt.[1] Dann folgen wieder einige Gesetzentwürfe im Interesse bald dieses bald jenes Erwerbszweigs, wie z. B. die Wiederholung der alten im Interesse der heimischen Lederverarbeitung erlassenen Ausfuhrverbote für Leder und Häute[2] und zweite und dritte Lesungen der bereits eingebrachten Gesetze.[3] Dazwischen werden im geeigneten Augenblicke immer wieder neue Steuervorlagen eingebracht,[4] und dann wieder Gesetze im Interesse der Tuchmanufaktur[5] oder zur Förderung der Hafenbauten dieser oder jener Stadt.[6]

Am 21. April erfolgt die Krönung Wilhelms und Marias,[7] am 26. April trifft die Nachricht ein, dass Jacob II. in Irland gelandet sei, und gleich darauf findet die zweite Lesung einer neuen Steuervorlage statt.[8] Am 5. Mai wird das Gesetz über die Abschaffung der Herdsteuer sanktionirt.[9] In diesem Gesetze wird über den König gesagt, dass er sich mit der Beseitigung der Herdsteuer «ein bleibendes Denkmal seiner Güte in jedem Hause des Königreiches errichte». An demselben Tage erfolgte die Sanktion der Gegengabe des Königs an die Grundbesitzer, des Gesetzes über die Ausfuhrprämie für Korn.[10]

Und wie wir so von Anfang an den König sehen, wie er Zug um Zug, um das Parlament zu den nothwendigen Massregeln zu bewegen, bald diesem hald jenem Interesse entgegenkommt, so auch des Weiteren.

Die Kriegführung gegen Frankreich macht eine Erhöhung der Bieraccise für 3 Jahre nöthig (1. Gul. et Mar. c. 24). Sie

---

[1] Journals of the House of Commons p. 64.

[2] Ibidem p. 83, 96.

[3] Ibidem p. 68, 74, 75, 78, 82.

[4] Ibidem p. 79.

[5] Ibidem p. 47, 52, 96 u. s. w.

[6] Ibidem p. 86.

[7] Grey's Debates IX p. 211.

[8] Journals of the House of Commons p. 88.

[9] Ibidem p. 103.

[10] Ibidem.

wird erreicht, indem dafür die bis dahin verbotene Bierausfuhr gegen Erlegung des üblichen Ausfuhrzolls und unter Rückerstattung der bezahlten Accise «zur Förderung des Handels, des Getreidebaus und der Industrie des Reiches» erlaubt wird (1. Gul. et Mar. c. 22). Und wie die Gewinnung der bereits genannten Wirthschaftszweige durch die schon erwähnten Gesetze, so wird auch die aller übrigen, wie sie nach Petty[1] damals in England vorhanden waren, versucht. Ein Gesetz Heinrichs IV. von 1403/4 (5. Hen. IV. c. 4) hatte die Strafe des Hochverraths gesetzt auf die «Kunst der Multiplikation» oder die Kunst «Gold und Silber zu multipliciren». Seit der Zeit hatte man gelernt, die Edelmetalle als Nebenprodukt beim Blei und Kupferbergbau zu gewinnen; allein man wagt es nicht aus Furcht vor jenem Gesetz. Dies zeigt sich als Hemmniss des Bergbaus, besonders in Cornwall, wo grosse Erzlager damals wieder entdeckt worden waren.[2] Darauf ein Gesetz, welches jenes alte wiederruft (1. Gul. et Mar. c. 30). Ein anderes Gesetz ergeht im Interesse der londoner Fabrikation von Schuhen, Stiefeln und Lederhosen (1. Gul. et Mar. c. 33). Am wichtigsten aber werden die gegen den Handel mit Frankreich ergriffenen Massnahmen, von denen vor allem die beiden Haupthandelsstädte des Reichs, London und Bristol, den Vortheil ziehen sollten. Nicht nur nämlich, dass die Einfuhr jedweder französischen Waare nach England verboten wird,[3] Wilhelm schliesst auch mit jedem der zur «Grossen Allianz» gegen Ludwig IV. gehörigen Staaten einen Vertrag, wonach den Unterthanen keines dieser Staaten der Handel mit Frankreich gestattet sein soll.[4] Sogar die Schiffe der im Frieden

---

[1] Vgl. Petty, Polit. Arithm. p. 83.

[2] Vgl. die Notizen bei Macpherson, Annals of Commerce II p. 638.

[3] 1. Gul. et Mar. c. 34.

[4] Man vergleiche den Vertrag von Whitehall vom 12./22. August 1689 zwischen Wilhelm III. und den holländischen Generalstaaten pour l'union et le concert de leurs armes contre la France et principalement pour interdire toute sorte de commerce ou trafic avec les sujets du Roi Très-Chrêtien non seulement de la part de l'Angleterre et des Provinces-Unies mais aussi de la part des sujets des autres rois, princes, ou états. Abgedruckt in DuMont, Corps universel

mit Frankreich befindlichen Staaten sollen als gute Prise erklärt werden, wenn sie mit Frankreich weiter Handet treiben. Und auch diese Bestimmung der Abmachung wird gehandhabt.[1] Wenn nun auch von Missvergnügten[2] wenige Jahre später geklagt wird, dass trotz dieser Abmachungen Dänemark, Schweden und Hamburg mit Frankreich in Handelsverkehr ständen, so schreibt doch ein so durchaus sachverständiger Mann, wie Davenant 1695:[3] «Die Franzosen sind durch diesen Krieg von allem gewinnbringenden Handel abgeschnitten worden; ihre Arbeiter sind unbeschäftigt und die Ergebnisse ihres Landes bleiben ihnen auf der Hand . . . Wenn diese Unterbrechung ihres Handelsverkehrs noch strenger durchgeführt wird, werden die Franzosen ruinirt werden, ungeachtet all' ihrer Sparsamkeit, ihres Muthes und ihrer politischen Geschicklichkeit.»

Diese Massnahme Wilhelms III. verdient hohe Beachtung. War es auch schon im Mittelalter eine übliche Allianzbedingung, dass die Unterthanen der alliirten Länder jeden Handelsverkehr mit dem Feinde unterbrechen mussten, und hatte man auch schon damals die Neutralen, wo man konnte, an solchem Handel verhindert,[4] so war diese Politik doch noch niemals in solchem Masstabe durchgeführt worden, wie es hier durch Wilhelm III. geschah. Die Handelssperre umfasste Grossbritannien, Holland, die Länder des Kaisers und des Reichs, Savoyen und Spanien. Napoleons Continentalsperre gegen England kann nur als Nachahmung dieser Massregel Wilhelms gelten; und glücklicher als sein Nachahmer schädigte Wilhelm Frankreich auf das Empfindlichste, während Englands Handel von da ab den aller übrigen Länder zu überflügeln begann.

---

diplomatique du droit des gens, tome VII partie II. Amsterdam et La Haye 1731 p. 238; ferner ebendaselbst p. 292 ff.

[1] Vgl. ebendaselbst p. 332.

[2] John Hampden, Esq. Some considerations concerning the state of the nation. Printed Nov. 1692. (Parliam. History V p. XXVIII.)

[3] Davenant's Works I p. 14.

[4] Vgl. oben p. 68.

Dieselbe Politik, durch Befriedigung der Sonderinteressen der einzelnen Wirthschaftszweige die Interessenten und damit das Parlament zu gewinnen, verfolgte Wilhelm aber nicht nur im ersten Jahre, sondern durchweg während seiner Regierung. Kein Jahr vergeht, dass er nicht dieses oder jenes Gewerbe durch ein Einfuhrverbot oder eine Ausfuhrbegünstigung beglückt. Bald sind es ausländische Seide oder mit Haar übersponnene Knöpfe und dergl., deren Einfuhr verboten wird, bald sind es Eisen und andere Metalle, oder andere heimische Produkte, deren Ausfuhr erlaubt wird. Bald werden den Seeleuten Begünstigungen zu Theil, bald werden die Landstrassen erweitert und Flüsse schiffbar gemacht, der Münzumlauf verbessert, die Bank gegründet, der Colonialhandel gefördert. Aber auch die Landwirthschaft wird noch durch weitere Gesetze begünstigt. Das Jahr 1691 bringt ihr die Befreiung vom Ausfuhrzoll bei der Ausfuhr von allen Arten von Fleisch, Butter und Kerzen (3. Gul. et Mar. c. 8). Und als es im Jahre 1699 nothwendig geworden war, die Ausfuhrprämie für ein Jahr zu suspendiren, (11. Gul. c. 1), werden dafür gleichzeitig alle Ausfuhrzölle vom Korn, auch wenn dessen Preis die im Gesetze von 1689 festgesetzten Sätze übersteigt, vom 30. März 1700 an für immer aufgehoben (11. Gul. III. c. 20 § 2). In diesem Jahre waren aber die Preise so hoch, dass auch ohne besondere Aufhebung des Gesetzes von 1689 eine Ausfuhrprämie gar nicht zu zahlen gewesen wäre. Die Gesetzgebung von 1699 stellt sich daher thatsächlich lediglich als Begünstigung der Kornausfuhr dar.

In demselben Jahre 1699 wurden auch für Wollenwaaren die Ausfuhrzölle beseitigt, während alle übrigen Ausfuhrzölle, mit Ausnahme derjenigen auf Rohmaterialien der Tuchfabrikation, erst unter der Königin Anna 1721 fielen, bei der einmal herrschend gewordenen Wirthschaftspolitik ein Zeichen, dass die übrigen Produktionszweige sich damals so weit entwickelt hatten, dass auch die Ausfuhr ihrer Produkte für den Nationalreichthum nunmehr als wichtig erschien. Durch diese von Wilhelm III. so systematisch befolgte Politik hatte er aber nicht nur seine Herrschaft gefestigt, sondern auch Parlament und Volk willig gemacht, die unerhörten Abgaben zu tragen, welche seine Kriege ihm auferlegten.

Fassen wir also zusammen: Wilhelms III. Lage war ähnlich wie die der preussischen Regierung nach 1866 und 1870. Diejenigen, welche die Hauptstütze der Regierung bildeten, waren zunächst die Liberalen; diese aber waren gleichzeitig vermöge ihrer politischen Principien Freunde der Beschränkung der königlichen Prärogative, und mit ihnen wurde es daher für Wilhelm schwer, in einer Zeit zu regieren, die so viel Regierungsinitiative bedurfte. Diejenigen aber, welche vermöge ihrer politischen Principien Freunde der königlichen Prärogative waren, die Conservativen, waren in Folge eben dieser Principien wegen des Umsturzes, der stattgefunden hatte, offene oder versteckte Gegner Wilhelms oder wenigstens nur laue Freunde. Unter diesen Umständen war es sehr schwierig eine kräftige Exekutive zu schaffen, wie sie nöthig war, um den damaligen grossen Aufgaben Wilhelms und Englands zu genügen. Der Ausweg, den der König ergriff, bestand in der Ausnutzung der allgemeinen Bestechlichkeit jener Zeit und des mächtigen Hervortretens der wirthschaftlichen Interessen in derselben.

Durch die Abschaffung der Herdsteuer wurde die Masse in Stadt und Land gewonnen; durch Wollausfuhrverbote, das vornehmste Gewerbe des Landes, die Tuchfabrikation; durch andere Gesetze die übrigen Industriezweige wie die Lederverarbeitung, die Seidenfabrikation, die Bierbrauerei, der Bergbau u. s. w.; durch Förderung des Ausfuhrhandels und die Handelsabmachungen beim Abschluss der «Grossen Allianz», der höchst wichtige Faktor des Handels von London und Bristol. Das Mittel aber, um den Grossgrundbesitz zu gewinnen, war das Gesetz über die Ausfuhrprämie für Korn und die damit verbundene Aussicht auf Steigen der Kornpreise.

Bis dahin nämlich war nur der Grossgrundbesitz in grösserem Masstabe Verkäufer von Korn. Allein sein einziger Absatz war thatsächlich bis dahin London gewesen. Nur ganz unbedeutende Kornmengen waren bislang ausser Lands geführt worden. Nun wird Korn zu einer Ausfuhrwaare gemacht. Damit wurde dem englischen Korn vor allem Holland als Absatzmarkt erschlossen, und in dem billigeren Getreide erhielten gleichzeitig die seit lange Getreide einführenden Holländer eine gewisse Genugthuung dafür, dass Wilhelm ihnen ihre Bitte, die Navigationsakte abzuschaffen, abschlagen musste. London aber wurde für etwa höhere Kornpreise dadurch entschädigt, dass den englischen Rhedern ausschliesslich die Ausfuhr zustand, ferner durch die erwähnten Allianzklauseln und vor Allem durch die finanziellen und politischen Vortheile, welche die Festigung der Regierung Wilhelms III. ihm bot. Dies das damalige wirthschaftliche und politische Kartell zwischen den Interessenten des beweglichen Besitzes und des Grossgrundbesitzes. Hatten die Barone 1311, um die Stadt London für die «Ordonnanzen» zu gewinnen, die den fremden Kaufleuten durch die Carta mercatoria verliehenen Privilegien bestätigt, so fand jetzt die Stadt London bei ihrem Interesse, den Grossgrundbesitz an das ganz besonders auch durch ihre Mitwirkung herbeigeführte neue konstitutionelle Regiment zu fesseln, gegen die Ausfuhrprämie auf Getreide nichts einzuwenden.

Erst später sollte sich der Widerstand dagegen erheben.

V.

Rückblick und Ausblick.

Vergegenwärtigen wir uns nochmals zum Schluss das, was sich uns über die Entwickelung der Getreidehandelspolitik ergeben hat.

Ein Gesichtspunkt macht sich in der Getreidehandelspolitik aller vorgeführten Jahrhunderte geltend: die Sicherung einer reichlichen Menge billigen Getreides. Aber dieser Gesichtspunkt beherrscht weder in allen in gleichem Masse die ausschlaggebenden Factoren, noch auch sucht man ihm in den verschiedenen Zeiten in derselben Weise Geltung zu schaffen.

Im 12. und 13. Jahrhundert ist die Furcht vor Theuerung die ausschliesslich massgebende Rücksicht. Der Ackerbau ist technisch noch weit zurück. Die Verkehrsmittel sind ganz unentwickelt. Jeder Ort ist auf das, was in seiner Umgebung wächst, für die Beschaffung seines Getreidebedarfs angewiesen. Daher vor Allem das Streben, durch Ausfuhrverbote einer jeden Gegend ihre landwirthschaftlichen Produkte zu sichern. Das Zollwesen ist bereits entwickelt. Allein so hoch auch die Zölle sein mögen, sie sind gering im Vergleich zu den Frachtkosten und zu den Gewinnzuschlägen der Kaufleute. Daher erklärt sich auch leicht, dass der Schwerpunkt der Zolleinnahmen in den Ausfuhrzöllen liegt. Denn commerciell spielen die Zölle noch keine Rolle. Sie sind weder die Ausfuhr noch die Einfuhr zu hemmen im Stande. Sie werden lediglich aus fiscalischen Gesichtspunkten erhoben.

Mit dem Augenblicke, in dem der König in der Erhebung von Schatzungen und Zöllen beschränkt wird, gelangt ein neuer Gesichtspunkt in der Getreidehandelspolitik zur Geltung, der von da ab bis zum definitiven Sieg der parlamentarischen Regierung gegenüber allen andern Gesichtspunkten sich zu behaupten sucht: die Rücksicht auf Mehrung der selbständigen Einnahmen der Krone.

Im 14. Jahrhundert ringt dieser fiscalische Gesichtspunkt mit dem der Theuerungspolitik. Volk und Parlament bestehen auf den Ausfuhrverboten als dem Hauptmittel, der Theuerung vorzubeugen. Die Krone besteht darauf, durch Ausfuhrlicenzen dieses Verbot zu durchbrechen, da ihr für solche Privilegien, besonders seitens der fremden Kaufleuten, finanzielle Gegenleistungen gewährt werden.

Mit dem Sieg des Parlaments am Ausgang des 14. Jahrhunderts fallen zunächst die Ausfuhrlicenzen, und das Ausfuhrverbot wird strenge gehandhabt. Aber nunmehr tritt ein ganz neuer Gesichtspunkt hervor. Unter dem System der Ausfuhrlicenzen war aus den von der See zugänglichen Grafschaften Getreide ausgeführt worden. Dort haben die wirthschaftlichen Verhältnisse sich unter seinem Einfluss entwickelt. Mit dem Wegfall der Ausfuhr sieht der Landwirth sich in seinem Interesse geschädigt, und nun ist er es, der die Ausfuhr verlangt. Zu den Gesichtspunkten der Theuerungs- und der Finanzpolitik gesellt sich also ein merkantiler Gesichtspunkt. Die Landwirthschaft fängt an, wenigstens in einigen Bezirken, aus einer blosen Wirthschaft zur Beschaffung der unentbehrlichen Nahrungsmittel ein Gewerbe zu werden. Unter dem Druck ihres Verlangens wird nicht nur die Ausfuhr erlaubt, sondern auch bei niedrigen Preisen die Einfuhr verboten.

Aber noch sind die Verhältnisse noch nicht so entwickelt, dass dies Bestand hat. Die Krone erlangt wieder das Uebergewicht über das Parlament. Allerdings nimmt sie die Förderung der heimischen Produkten unter ihre Regierungsmaximen auf. Allein sie lässt dieselben zunächst nur der Klasse zu gut kommen, auf die sie sich stützt, nämlich dem Bürgerthum. Und aus fiscalischen Rücksichten kehrt sie zu dem System des Verbots der Getreideausfuhr ausser mit besonderer Licenz zurück. Dabei dient ihr die Rücksicht auf Verhütung von Theuerungen dazu, ihre Politik populär zu machen.

Indess die Krone erkennt es auch als ihr Interesse, durch Schutz des Bauernstands die Kriegsstärke des Reichs zu erhalten, und als Massnahmen, welche zur Hebung der Schifffahrt ergriffen waren, als Nebenwirkung der Getreideausfuhr gezeigt hatten, dass diese den Getreidebau mehre und damit den Bauern erhalte, findet unter Elisabeth der merkantile Gesichtspunkt abermals seine Anwendung auch auf die Landwirthschaft. Dabei verbinden sich die Gesichtspunkte der Theuerungspolitik nunmehr mit denen des Merkantilismus. Je blühender die Landwirthschaft, heisst es, desto reichlicher und billiger das Brod. Und einmal ins Leben getreten, weiss dieser merkantile Gesichtspunkt, sich fortschreitend mehr Geltung zu verschaffen. Zwar gelangt der fiscalische Gesichtspunkt mit der Wiederaufnahme der Kämpfe zwischen Krone und Parlament unter Karl I. nochmals zur Herrschaft. Noch einmal tritt das System der Ausfuhrverbote und Ausfuhrlicenzen in Kraft. Aber mit dem Siege des Parlaments siegt auch der volkswirthschaftliche über den fiscalischen Gedanken. Die Ausfuhrverbote und Ausfuhrlicenzen fallen. Eine Ausfuhrbegünstigung folgt auf die andere. Es erfolgen sogar Einfuhrverbote für konkurrirende fremde landwirthschaftliche Produkte und Prohibitivzölle für fremdes Getreide. Der Höhepunkt aber wird erreicht unter Wilhelm III., unter dem sogar eine Ausfuhrprämie für heimisches Getreide eingeführt und die Ausfuhrzölle für dasselbe beseitigt werden.

Damit hatte dieselbe Wirthschaftspolitik, welche gleichzeitig für alle anderen nationalen Erwerbszweige Anwendung fand, in ihrer Anwendung auf die Landwirthschaft ihre Vollendung erreicht. Auch war diese noch der Beruf der ganz überwiegenden Zahl aller Staatsangehörigen. Aus der blossen Ernährungsgelegenheit dieser soll sie nunmehr systematisch zu einem blühenden nationalen Gewerbe, und zwar zu einer Exportindustrie ausgebildet werden. Allerdings kommen die zu diesem Zwecke eingeführten Begünstigungen zunächst nur erst einem Theile der an der Landwirthschaft Interessirten zu gut. Auch gibt es bereits Kreise, deren Interessen durch diese agrarische Schutzzollpolitik verletzt werden. Aber noch sind diese von einer für die Nation nur verschwindenden Bedeutung. Noch ist die Landwirthschaft der wichtigste nationale Erwerbszweig. Und mit jedem Fortschritt in den Verkehrsmitteln im Innern, wie er gleichzeitig ernsthaft in Angriff genommen wird, erweitert sich der Kreis derjenigen, die von jenen Begünstigungen Vortheil ziehen.

Sollen wir aber mit ein paar Worten die Wirkungen dieser Politik andeuten, die im Einzelnen nachzuweisen allerdings einer späteren Arbeit vorbehalten bleiben muss, so werden wir finden, dass wie jeder Industrieschutz so auch dieser noch dazu so hoch getriebene Agrarschutz einen wichtigen Einfluss geübt hat auf die Förderung des Erwerbszweigs, zu dessen Gunsten er erlassen war. Die Zahl der bestellten Grundstücke nahm nun zu; die Bestellung wurde sorgfältiger und ergiebiger. Die Folge war, die Getreidepreise wurden nicht so sehr höher als vielmehr stetiger, und eben dies ermöglichte den Landwirthen mit grösserer Sicherheit zu immer wachsenden Kapitalfixirungen in den Grund und Boden zu schreiten. Durch das Ausfuhrprämiengesetz wurden nicht nur die sonst nur für Industrie- und Handelszweige üblichen volkswirthschaftlichen Massregeln auf den Ackerbau angewandt, sondern es wurde auch für diesen derselbe Erfolg erzielt wie für jene. Die englische Landwirthschaft wurde nicht nur eine grosse Exportindustrie, sondern auch das Muster für die Landwirthschaft aller übrigen Völker.

Indess noch weit rapider war die gleichzeitige Zunahme des Reichthums in Gewerbe und Handel. Unter dem ihnen gewährten Schutze wurden sie so getrieben, dass sie des Schutzes auf dem innern Markte bald thatsächlich nur mehr in einigen Zweigen bedurften. Weit wichtiger wurde es für sie, den auswärtigen Markt zu erobern.

Dies konnte nicht ohne Einfluss auf den Gang der Getreidehandelspolitik bleiben. Bereits in der ersten Hälfte des 18. Jahrhunderts mehrten sich die Reibungen zwischen der industriellen Bevölkerung Londons und der Tuchmacherorte und den agrarischen Interessen, und wiederholt wurde durch Tumulte die vorübergehende Aufhebung des Ausfuhrprämiengesetzes erzwungen. Aber immer noch war das agrarische nicht nur das politisch sondern auch das volkswirthschaftlich überwiegende Interesse von England. Erst in der zweiten Hälfte des 18. Jahrhunderts traten die Anzeichen eines Umschwungs in dieser Beziehung mächtiger hervor.

Es erfolgten die Erfindungen, welche den Gewerbbetrieb revolutionierten, den Grossbetrieb mit Maschinen an die Stelle des Hausbetriebs setzten und grosse Massen an verhältnissmässig weniger Industrieorten concentrierten. Und selbstverständlich, jeder solche Fortschritt musste den Interessengegensatz zwischen Landwirthschaft und Industrie, dessen Keime ja bereits im 17. Jahrhundert gegeben waren, mehr und mehr steigern. Es erfolgte die Beseitigung des Ausfuhrprämiengesetzes, welches für die Landwirthschaft auch in der That völlig entbehrlich geworden, denn mit dem Anwachsen der industriellen Bevölkerung war England selbst der beste Markt für seine Landwirthschaft geworden. Das Hauptaugenmerk dieser wurde nun, diesen Markt gegen die ausländische Concurrenz zu vertheidigen; denn die fortschreitende Verbesserung der Verkehrsmittel zeigte sich jetzt weniger als Verbesserung der Absatzgelegenheit für die heimische, denn als Erleichterung des Wettbewerbes der ausländischen Landwirthschaft. Der Schwerpunkt des Agrarschutzes wurde aus der Förderung der Ausfuhr in die Verhinderung der Einfuhr verlegt.

In dem Kampf wegen Beschränkung der Einfuhr wurde die Landwirthschaft am Ausgang des 18. Jahrhunderts durch die thatsächlichen Einfuhrerschwerungen unterstützt, welche naturgemäss den Krieg mit Frankreich begleiteten und sogar zu der Sperre des Continents gegenüber England führten. Aber während dieser Kriege erfolgte auch die Umwandlung Englands aus einem im Innern agrarischen Land in die industrielle Werkstätte der Welt. Um sich als solche zu halten bedurfte es nicht mehr des Schutzes überlebter Einfuhrbeschränkungen gegenüber auswärtigen Industrieprodukten. Es bedurfte des Schutzes durch Massregeln, welche die Produktionskosten seiner Exportindustrie verbilligten, es bedurfte als Schutzmassregel für seine Industrie der Preisgebung seiner Getreide bauenden Interessenten. Und als das Landinteresse sich nicht zu diesem Opfer verstehen wollte, als es sein nur noch zufällig andauerndes politisches Uebergewicht im Staate dazu benutzte um seinen Vortheil zum

Nachtheil der Industrie zu behaupten, da wurde ihm gezeigt, dass nicht mehr Ackerbau und Handel, sondern Industrie und Handel nunmehr die wirthschaftlich und politisch wichtigsten Zweige des Landes seien. Es entbrannte einer der erbittertsten Klassenkämpfe, den die Welt je gesehen hat, und in dem der Ueberlebte nothwendig dem erlag, mit dessen Interessen die des Landes nunmehr identisch waren.

Die Gesichtspunkte der Theuerungspolitik aber, welche wir am Anfang im Bunde mit Ausfuhrverboten, dann in dem mit den Zielen des Merkantilismus und den diesen entsprechenden Ausfuhrbegünstigungen gesehen haben, traten so zuletzt in einen Bund mit dem Freihandel.

Thatsächlich freilich war auch die Beseitigung des Agrarschutzes, die im 19. Jahrhundert eingetreten ist, eine Schutzmassregel, nur selbstverständlich nicht eine zu Gunsten der Landwirthschaft, sondern zu Gunsten derjenigen Erwerbszweige, auf denen nunmehr die wirthschaftliche und damit auch die politische Machtstellung Englands beruhte, und welche die Verbilligung ihrer Produktionskosten zu ihrer Erhaltung benöthigten. Und wie wenig die zu dieser Beseitigung des Agrarschutzes verwendeten freihandelstheoretischen Waffen die Hauptsache waren, zeigt, dass seitdem in andern Ländern eine Industrie grossgeworden ist, welche den Engländern nicht nur den Weltmarkt bestreitet, sondern auch bereits anfängt, sie auf ihrem heimischen Markt zu bekämpfen, aus dem Ausgangs- und Mittelpunkt der ehemaligen Freihandelsagitation, aus Manchester selbst, bereits Rufe nach neuen Schutzmassregeln zu Gunsten der heimischen Erwerbszweige verlauten.

ANHANG.

I.

Die Carta mercatoria Eduard's I. von 1303.

(Rymer foedera, accurantibus J. Caley et F. Holbrooke vol. II. pars II. p. 747)

Edwardus, Dei gratia, Rex Angliae, dominus Hiberniae et dux Aquitaniae, archiepiscopis, episcopis, abbatibus, prioribus, comitibus, baronibus, justiciariis, vicecomitibus, praepositis, ministris, et omnibus ballivis et fidelibus suis salutem.

Circa bonum statum omnium mercatorum, subscriptorum regnorum, terrarum et provinciarum, videlicet Alemanniae, Franciae, Ispanniae, Portugalliae, Navarrae, Lumbardiae, Tusciae, Provinciae, Cataloniae, ducatus nostri Aquitaniae, Tholosani, Caturcini, Flandriae, Brebantiae, et omnium aliarum terrarum et locorum extraneorum, quocumque nomine censeantur, venientium in regnum nostrum Angliae, et ibidem conversantium, nos praecipua cura sollicitat, qualiter, sub nostro dominio, tranquilitatis et plenae securitatis immunitas eisdem mercatoribus, futuris temporibus, praeparetur.

Ut itaque vota ipsorum reddantur ad nostra, et regni nostri servitia promptiora, ipsorum petitionibus favorabiliter annuentes, et, pro statu eorumdem plenius assecurando, in forma, quae sequitur, ordinantes, subscripta dictis mercatoribus, pro nobis, et haeredibus nostris imperpetuum, duximus concedenda;

In primis, videlicet, quod omnes mercatores, dictorum regnorum et terrarum, salvo et secure, sub tuitione et protectione nostra, in dictum regnum nostrum Angliae, et ubique infra potestatem nostram alibi, veniant cum mercandisis suis quibuscunque, de umragio, pontagio et panagio liberi et quieti:

Quodque, infra regnum et potestatem nostram, in civitatibus, burgis, et villis mercatoriis, possint mercari, dumtaxat in grosso, tam cum indigenis seu incolis ejusdem regni et potestatis nostrae praedictae, quam cum alienigenis, extraneis, vel privatis; ita tamen quod merces, quae vulgariter merceriae vocantur, ac species, minuatim vendi possint, prout antea fieri consuevit:

10*

Et quod omnes praedicti mercatores mercandisas suas, quas ipsos ad praedictum regnum et potestatem nostram adducere, seu infra idem regnum et potestatem nostram emere, vel alias acquirere, contigerit, possint, quo voluerint, tam infra regnum et potestatem nostram praedicta, quam extra, ducere, seu portare facere (praeterquam ad terras manifestorum et notoriorum hostium regni nostri) solvendo consuetudines quas debebunt; vinis dumtaxat exceptis, quae de eodem regno seu potestate nostra, postquam infra idem regnum seu potestatem nostram ducta fuerint, sine voluntate nostra et licencia speciali, non liceat eis educere quoquomodo.

Item, quod praedicti mercatores in civitatibus, burgis et villis praedictis, pro voluntate sua, hospitari valeant et morari, cum bonis suis, ad gratum ipsorum, quorum fuerint hospitia sive domus.

Item, quod quilibet contractus, per ipsos mercatores, cum quibuscumque personis, undecumque fuerint, super quocumque genere mercandisae initus, firmus sit et stabilis, ita quod neuter mercatorum ab illo contractu possit discedere, vel resilire postquam Denarius Dei, inter principales personas contrahentes, datus fuerit et receptus: et, si forsan super contractu hujusmodi contentio oriatur, fiat inde probatio, aut inquisitio, secundum usus et consuetudines feriarum et villarum, ubi dictum contractum fieri contigerit et inire.

Item, promittimus praefatis mercatoribus, pro nobis, et haeredibus nostris imperpetuum, concedentes quod nullam prisam, vel arrestationem seu dilationem, occasione prisae, de caetero, de mercimoniis, mercandisis, seu aliis bonis suis, per nos, vel alium, seu alios, pro aliqua necessitate, vel casu, contra voluntatem ipsorum mercatorum, aliquatenus faciemus, aut fieri patiemur, nisi statim soluto pretio, pro quo ipsi mercatores aliis hujusmodi mercimonia vendere possint, vel eis alias satisfactio fiat, ita quod reputent se contentos; et quod super mercimonia, mercandisas, seu bona ipsorum, per nos, vel ministros nostros, nulla appretiatio aut aestimatio, imponetur.

Item, volumus quod omnes ballivi et ministri feriarum, civitatum, burgorum, et villarum mercatoriarum, mercatoribus antedictis conquerentibus, coram eis celerem justiciam faciant, de die in diem, sine dilatione, secundum legem mercatoriam, de universis et singulis, quae per eandem legem poterunt terminari: et, si forte inveniatur defectus in aliquo ballivorum vel ministrorum praedictorum, unde iidem mercatores, vel eorum aliquis, dilationis incommoda sustinuerint, vel sustinuerit, licet mercator versus partem in principali recuperaverit dampna sua, nichilominus ballivus, vel minister alius versus nos, prout delictum exigit, puniatur, et punitionem istam concedimus in favorem mercatorum praedictorum pro eorum justitia maturanda.

Item, quod in omnibus generibus placitorum (salvo casu criminis, pro quo infligenda sit poena mortis) ubi mercator implacitatus fuerit, vel alium implacitaverit, cujuscumque conditionis idem implacitatus extiterit, extraneus, vel privatus, in nundinis, civitatibus, sive burgis, ubi sufficiens copia fuerit mercatorum praedictarum terrarum, et inquisitio fieri debeat, sit medietas inquisitionis de eisdem mercatoribus, et medietas altera de aliis probis et legalibus hominibus illius, ubi placitum illud esse contigerit; et, si de mercatoribus, dictarum terrarum, numerus non inveniatur sufficiens, ponantur in inquisitione illi, qui idonei invenientur ibidem, et residui sint de aliis bonis hominibus et idoneis, de locis in quibus placitum illud erit.

Item, volumus, ordinamus, et statuimus quod, in qualibet villa mercatoria et feria, regni nostri praedicti, et alibi, infra potestatem nostram, pondus nostrum in certo loco ponatur; et, ante ponderationem, statera in praesentia emptoris et venditoris vacua videatur; et quod brachia sint aequalia; et extunc ponderator ponderet in aequali; et cum stateram posuerit in aequali, statim amoveat manus suas, ita quod remaneat in aequali; quodque per totum regnum et potestatem nostram unum sit pondus, et una mensura; et signo standardi nostri signentur: et quod quilibet possit habere stateram unius quartroni, et infra, ubi contra dominum loci, aut libertatem, per nos, seu antecessores nostros, concessam, illud non fuerit, sive contra villarum, aut feriarum, consuetudinem hactenus observatam.

Item, volumus et concedimus quod aliquis certus homo, fidelis et discretus, Londoniae residens, assignetur justiciarius mercatoribus memoratis, coram quo valeant specialiter placitare, et debita sua recuperare celeriter, si vicecomites et majores eis non facerent, de die in diem, celeris justitiae complementum; et inde fiat commissio, extra cartam praesentem, concessa mercatoribus antedictis, scilicet de hiis, quae sunt inter mercatores et mercatores, secundum legem mercatoriam, deducenda.

Item, ordinamus et statuimus, et ordinationem illam statutumque, pro nobis, et haeredibus nostris, imperpetuum volumus firmiter observari, quod pro quacumque libertate, quam nos vel haeredes nostri de caetero concedimus, praefati mercatores suprascriptas libertates, vel earum aliquam, non admittant.

Pro supradictis autem libertatibus, et liberis consuetudinibus, optinendis, et prisis nostris remittendis eisdem, saepedictis mercatores, universi et singuli, pro se, et omnibus aliis de partibus suis, nobis concorditer et unanimiter concesserunt, quod de quolibet dolio vini quod adducent, vel adduci facient infra regnum, vel potestatem nostram, et unde marinariis frectum solvere tenebuntur, solvent nobis, et haeredibus nostris, nomine custumae, duos solidos ultra antiquas custumas debitas, et in denariis solvi consuetas nobis, aut aliis, infra quadraginta dies postquam extra naves, ad terram posita fuerint dicta vina.

Item, de quolibet sacco lanae, quem dicti mercatores, aut alii, nomine ipsorum, ement, et de regno nostro educent, aut emi et edduci facient, solvent quadraginta denarios, de incremento, ultra custumam antiquam dimidiae marcae, quae prius fuerat persoluta: et pro lasto coreorum, extra regnum et potestatem nostram vehendorum, dimidiam marcam, supra id, quod ex antiqua custuma antea solvebatur: et similiter, de trescentis pellibus lanutis, extra regnum et potestatem nostram ducendis, quadraginta denarios, ultra certum id, quod de antiqua custuma fuerat prius datum.

Item, duos solidos de qualibet scarleta et panno tincto in grano.

Item, decem et octo denarios de quolibet panno, in quo pars, grani fuerit intermixta.

Item, duodecim denarios de quolibet panno alio, sine grano.

Item, duodecim denarios de quolibet cerae quintallo.

Cumque de praefatis mercatoribus, nonnulli eorum alias exerceant mercandisas, ut de averio ponderis, et de aliis rebus subtilibus, sicut de pannis Tarsen., de serico, de cindacis, de seta, et aliis diversis mercibus, et de equis etiam, ac aliis animalibus, *blado* et aliis rebus, et mercandisis multimodis, quae ad certam custumam facile poni non poterunt, iidem mercatores concesserunt dare nobis, et haeredibus nostris, de qualibet libra argenti aestimationis, seu valoris, rerum et mercandisarum hujusmodi, quocumque nomine censeantur, tres denarios de libra, in introitu rerum et mercandisarum ipsarum, in regnum et potestatem nostram praedicta, infra viginti dies postquam hujusmodi res et mercandisae in regnum et potestatem nostram adductae, et ibidem exoneratae, seu venditae fuerint; et similiter tres denarios de qualibet libra argenti, in eductione quarumcunque rerum et mercandisarum hujusmodi, emptarum in regno potestate nostra praedictis, ultra custumas antiquas, nobis, aut aliis, ante datas: et super valore et estimatione rerum et mercandisarum hujusmodi, de quibus tres denarii, de qualibet libra argenti, sicut praedicitur, sunt solvendi, credatur eis per litteras, quas de dominis, aut sociis suis, ostendere poterunt; et, si litteras non habeant, stetur in hac parte ipsorum mercatorum, si praesentes fuerint, vel valettorum suorum, in eorundem mercatorum absentia, juramentis.

Liceat insuper sociis, de societate mercatorum praedictorum, infra regnum et potestatem nostram praedicta, lanas vendere aliis sociis suis, et similiter emere ab eisdem, absque custuma solvenda; ita tamen quod dictae lanae ad tales manus non deveniant, quod custuma, nobis debita, defraudemur.

Et praeterea, est sciendum quod, postquam saepedicti mercatores, semel in uno loco, infra regnum et potestatem nostram, custumam, nobis concessam superius, pro mercandisis suis, in forma solverint supradicta, et suum haberant inde warrantum, erunt liberi et quieti, in omnibus aliis locis, infra regnum et potestatem nostram praedictam, de solutione custumae hujusmodi, pro eisdem mercandisis seu mercimoniis, per idem warrantum, sive hujusmodi mercandisae infra regnum et potestatem nostram remaneant, sive exterius deferantur; exceptis vinis, quae de regno et potestate nostra praedictis, sine voluntate et licentia nostra, sicut praedictum est, nullatenus educantur.

Volumus autem, ac pro nobis, et haeredibus nostris, concedimus quod nulla exactio, prisa, vel praestatio, aut aliquod onus, super personas mercatorum praedictorum, mercandisas, seu bona eorundem, aliquatenus imponantur contra formam expressam superius et concessam.

Hiis testibus, venerabilibus patribus,

Roberto Cantuar. archiepiscopo, totius Angliae primate.
Waltero Coventren. et Lychenfelden., episcopo.
Henrico de Lacy, comite Lincoln.
Humfrido de Bohun, comite Hereford. et Essex., ac constabulario Angliae.
Adomaro de Valentia.
Galfrido de Geynvill.
Hugone le Despenser.
Waltero de Bello Campo, senescallo hospitii nostri.
Roberto de Bures, et aliis.

Dat. per manum nostram apud Wyndesor., primo die Februarii, anno regni nostri tricesimo primo.

II.

Tabelle von Original-Preisen der verschiedenen Getreidearten aus der Zeit von 1126 bis 1619 mit Hinzufügung der dem Geldwerth von 1797 entsprechenden Preishöhen.

(Zusammengestellt und berechnet aus Sir Frederic Eden's (The State of the Poor III. Appendix No. I) Comparative and Chronological Table of Prices and Conversion Table.) Die Rubrik «Orig.» enthält die Originalpreise, die Rubrik «Conv.» die umgerechneten Preise.

Jahr.	Weizen.		Malz.		Gerste.		Hafer.		Roggen.		Erbsen und Bohnen.		Anmerkungen.
	Orig.	Conv.	Orig.	Conv.	Orig.	Conv.	Orig.	Conv.	Orig.	Conv.	Orig.	Conv.	
	sh. d.	sh. d.	sh. d.	sh. d.	sh. d.	sh. d.	sh. d.	sh. d.	sh. d.	sh. d.	sh. d.	sh. d.	
1126	20	58 2											
	6 a	17 5											a Preis einer Pferdeladung.
1170	1 3 b	3 8											
1171	1 4 b	3 10											b Preis einer Ladung.
1172	6 8 c	19 4	1	2 11									
1196	13 4 d	38 9											c Brodkorn.
1197	18 8	54 3											d Annähernder Preis.
1202	12	34 11											
1205	12	34 11					3	8 9			6 8	19 4	
	15	43 7									6 8	19 4	
	13 4	38 9											
1223	12	34 11											
1229	4	11 8					3	8 9			2 11	8 6	
1237	3 4	9 8			2	5 10	1	2 11					
1240	3 3	9 5											
1242	2	5 10											
1243	2	5 10											
1244	2	5 10											
1246	16	46 6											
1247	13 4	38 9											e Preis zu Dunstaple
1253	5 e	14 6											f Preis an andern Orten.
	8 f	23 3											

1254	2 a		5	10									2 a		5	10									a Preis eines Acres der betr. Getreideart.
1257	24		79	9																					
1258	16		46	6	6	8	19	4																	
	15		43	7																					
	20		58	1																					
	17 b		49	5																					b Preis in Bedford.
	20 c		58	1																					c Preis in Northampton.
	13	4 d	38	9																					d Preis theilweiser in Dunstaple.
	8	6 e	44	8																					e Item.
	6 f		17	5																					f Item.
1270	6	8	19	4																					g Januarpreis.
1280	4	3 g	12	4																					h Preis i d. Fasten.
	4	5	12	10																					i Späterer Preis.
1281	4	6 b	13	1					3	$6\frac{1}{2}$	10	3	2	2	6	4	2	8	7	9	2	$9\frac{1}{4}$ k	8		k Neue Erbsen.
	4	8 i	13	7									2	4	6	9	2	10	8	3	2	$11\frac{1}{2}$ k	8	7	l Alte Erbsen.
																					2	$4\frac{1}{2}$ l	6	11	
1284					4		11	8																	
1286	2	8	7	9																					
1287	3	4	9	8									1		2	11									
	1	8	4	10																	1		2	11	
1288	3	4 m	9	8					0	6	1	5	0	4	1										m Preis in London.
	2		5	10																					
	1	8	4	10																					
	1	6	4	4																					
	1	4	3	10																					
	1		2	11																					
1289	4		11	8					3		8	9	2		5	10	5		14	6	3		8	9	
	3		8	9					3		8	9	2		5	10					2	8	7	9	
	16		46	6																	2	8	7	9	
	12		34	11																					n Niederster Preis.
	2 n		5	10																					o Höchster Preis.
	20 o		58	2																					
	6		17	5																					
1290	16		46	6																					
1291													1	4	3	10	4		11	8	5	4	15	6	
													3	2	9	2	4	8	13	7					

Jahr.	Weizen.		Malz.		Gerste.		Hafer.		Roggen.		Erbsen und Bohnen.		Anmerkungen.
	Orig.	Conv.	Orig.	Conv.	Orig.	Conv.	Orig.	Conv.	Orig.	Conv.	Orig.	Conv.	
	sh. d.	sh. d.	sh. d.	sh. d.	sh. d.	sh. d.	sh. d.	sh. d.	sh. d.	sh. d.	sh. d.	sh. d.	
1292					4	11 8			3 8	10 8	4 4	12 7	
1293	8	23 3			5	14 6	1 10	5 4	5 6	16	5 4	15 6	
									6	17 5	6	17 5	
1294	16	46 6			6 8	19 4			9	26 2	7	20 4	
	9	26 2			8 6	44 8			6 8	19 4			
	16	46 6											
	20	58 2											
	17 4	50 5											
	21	61											
	16 8	48 5											
1295	5 10	16 11			5	14 6	1 10	5 4	3 10	11 2	3 8	10 8	
					4 4	12 7							
1296	5 10	16 11	4 7	13 2	4 8	13 7	1 4	3 10	4 6	13 1	4	11 8	
	6	17 5			4	11 8	2	5 10	5	14 6			
	6 8	19 4											
1297					5 5	15 9			6 4	18 5			
					4 6	13 1							
1298					6	17 5			4 6	13 1	4 5	12 10	
					5 8	16 5							
1299	4 6	13 1	3 5	9 11	2 10	8 3	1 9	5 1	3 2	9 2			
	4 11	14 3			3	8 9							a Niederster Preis.
1300	3 4 a	9 7	3 5	9 10	3 4	9 7	4	11 6	5	14 4	1 8	4 9	b Höchster Preis.
	9 6 b	27 3	6 8	19 2	5	14 4	1 8	4 9	2 2½	6 4	1 8	4 9	c Hafermalz.
	5 d	14 4	3 c	8 8	3 2	9 1					6	17 3	d Mehl.
	8 9 e	25 2			3 4	9 7					6	17 3	e Mehl.
	4 f	11 6									3	8 8	f Mehl u. Kleie von gewöhnl. Weizen
	4 8	13 5											
1301	6 4	18 2	2 h	5 6	3 8	10 7	2	5 9	2 2	6 3	2 8	7 8	g Kleiner Hafer.
	4	11 6	3 4 i	9 7	4 2	12	1 8 g	4 9	3	8 8	2	5 9	h Hafermalz.
					3	8 8					1 8	4 9	i Gerstenmalz.

1302	5	6	15	9	4		11	6	4		11	6	3		8	8	2	8	7	8	2	6	7	2	
	4		11	6	3	4 a	9	7	4	4	12	5	2		5	9									a Gemahlenes Malz
1303									4		11	6					3		8	8	3	4	9	7	
1304	10		28	9					4		11	6					4	10	13	11	3	4	9	7	
									4	10	13	11									3	11	11	3	
1306	6		17	3					4	10	13	11					4	2	12						
1307	6	8	19	2					4	6	12	11					4	2	12		3	6	10	1	
1308	7	5	21	3					4	8	13	5					5		14	4					
									4	10	13	11													
1309	7	2	20	7	6		17	3					4		11	6									
1310	9	6	27	3					5	6	15	9					5		14	4	4	3	12	2	
1313	5	3	15	1					4	8	13	5	3	5	9	10									
1315	20		37	5	13	4	38	4													20		37	5	
	30 b		86	2																	20		37	5	b Preis nach der Ernte.
	40 b		114	10																					
1316	32		91	10																					c Preis vor Johanni.
	30 c		86	2																					d Preis nachher.
	40 d		114	10									64 i		183	9									e Preis in Leicester
1317	44 e		76	4									5	4 j	15	3									f Preis vier Tage später.
	14 f		40	2																					
	53	4	152	5																					g Preis vor der Ernte.
	80 g		229	8																					
	6	8 h	19	2																					h Preis nach der Ernte.
1318	14	8	42	1	6	8	19	2																	
1324	9		25	10																					i Preis vor der Ernte.
1325	7	7 2/6 k	21	10									3	4	9	7	8	2	23	6					
													2	3 1/4	6	6	5	8	16	3					j Preis nach der Ernte.
1327													1	10	5	3									
1329	8		23		6	2	17	9	5		14	4	1	8	4	9									k Saatweizen.
1330	6		17	3									2	4	6	8									
	10		28	9																					
1331	7		20	1					3	4	9	7	2	4 1/2	6	10					6	8	19	2	
	7	2	20	7					4	6	12	11	4	4 l	12	5									l Hafer z. Mahlen.
	7	6	21	6																					
	3	4	9	7																					
	8	01	23																						

Jahr.	Weizen. Orig. sh. d.	Weizen. Conv. sh. d.	Malz. Orig. sh. d.	Malz. Conv. sh. d.	Gerste. Orig. sh. d.	Gerste. Conv. sh. d.	Hafer. Orig. sh. d.	Hafer. Conv. sh. d.	Roggen. Orig. sh. d.	Roggen. Conv. sh. d.	Erbsen und Bohnen. Orig. sh. d.	Erbsen und Bohnen. Conv. sh. d.	Anmerkungen.
1332					8	23	3 8	10 7	7 4	21 1	7	20 1	
							4	11 6	8	23			
1333	5 10	16 9	6	17 3			1 2	3 4					
1334	5	14 4	4 4	12 5	3 6	10 1					9	25 10	
1335	5 7½	16 2	4	11 6	3 4	9 7	2 4	6 8					
	4 8	13 5											
1336	6 6	18 8			4 3	12 2	2	5 9					
	2	5 9											
1337	4	11 6			3 11	11 3	1 10	5 3					
	5 9½	16 8											
1338	4 1	11 8			3 3	9 4	0 10	2 5			1	2 10	
	3 4	9 7			1 9	23					1	2 10	
					0 10	2 5							
1339	3 4	9 7	3	8 8	1 10	5 3	1 4	3 10	1 6	4 3	5	14 4	
	3 8	10 7	9	25 10	2	5 9			2	5 9	5	14 4	
	9	25 10	5	14 4									
1340	5	14 4	3 4	9 7	3 4	9 7	1 10	5 3	3 2	9 1	2 8	7 8	
	6 5	18 5			3 7	10 4	2	5 9	4	11 6	3 4	9 7	
	7 2	20 7			2 8	7 8			3	8 8			
	5 4	15 3											
1341	4 4	12 5	4 4	12 5	3 6	10 1	2 4	6 8	3 4	9 7	3 4	9 7	
1342	5	14 4			4	11 6	1 2	3 4					
1343					2 4 a	6 8							a Gemischte Gerste.
					3	8 8							
1345	3 8	9 7							3	7 10			
	4 6	11 10											
1349	2	5 3											
1355	5 7	13	6	14									
	6 8	15 6	6 8	15 6									

	8	0	18	7																					
1357	6	8	15	6	6	8	15	6	4	4	10	1	2	6	5	10	3	6	8	2					
									8	5	19	7	3		7										
1359	8	4	19	5	6		14		3	8	8	6													
	9	9	22	8					4		9	4													
	6	8	15	6																					
1361	2		4	8																					
1362													2		4	8									
													5	4a	12	5									a Preis zu dem Gastwirte verkauften
													0	2b	0	5									b Preis von Hafer für ein grosses Pferd an einem Tage.
1363	15		34	11																					
1365	6	4	14	9	5		11	8	3	8	8	6	2	8	6	2									
					5	8	12	2	4		9	4													
1366					5	2	12		4	4	10	1	3		7		6		14						
					6	4	14	9																	
1367					6		14		5	4	12	5	3	4	7	9									
1368	20		46	6																					
1369	24		55	10					13	4	31		8		18	7									
	20		46	6																					
1370	26	8	62																						
1371																	3	4	7	9	5	4c	12	5	c Weisse Erbsen.
1373	10d		23	3																					d Preis von Weizen zum Backen von Zwieback.
1374	6	8	15	6	2	8	6	2	4		9	4									4	6c	10	6	
	7		16	3	3	4	7	9													2	8e	6	2	e Graue Erbsen.
	10		23	3																					
	6		14																						
1377	5	4	12	5	2	4	5	5																	
1378	5		11	8	3		7		2		4	8	2		4	8									
	5	4	12	5	3	4	7	9					2	2	5										
													1	8f	3	11									f Preis von Hafer für Pferde.
													2f		4	8									
1379	5	4	12	5	3		7		2	2	5						2		4	8					
	6	2	14	4													3		7						
	4		9	4																					
1383	5	4	12	5					3	4	7	9					4		9	4					
									4		9	4					4	4	10	1					

Jahr.	Weizen.		Malz.		Gerste.		Hafer.		Roggen.		Erbsen und Bohnen.		Anmerkungen.
	Orig.	Conv.	Orig.	Conv.	Orig.	Conv.	Orig.	Conv.	Orig.	Conv.	Orig.	Conv.	
	sh. d.	sh. d.	sh. d.	sh. d.	sh. d.	sh. d.	sh. d.	sh. d.	sh. d.	sh. d.	sh. d.	sh. d.	
1385							2 1	4 10					
1387	3 4	7 9	3	7	2	4 8	2	4 8	1	2 4	1	2 4	
	2	4 8			1	2 4							
	4	9 4											
1388	3 6	8 2			3 4	7 9	1 8	3 11					
	4	9 4					2	4 8					
1389	6	14	3 4	7 9	3 2	7 4	2	4 8	4	9 4			
	4	9 4			3 4	7 9							
	5	11 8			3	7							
1390	16 8a	38 9	6	14	4	9 4	1 8e	3 11			3 6d	8 2	a Preis in Leicester.
	14a	32 7	5 4	12 5									b Preis in London.
	13 4a	31											c Preis zum Säen.
	10b	23 3											d Grüne Erbsen zur Aussaat.
	8 6	19 9											e Hafer id.
	10	23 3											
	8	18 7											
	4 4c	10 1											
1393					2 6	5 10	0 11	2 1					
1398	4 8	10 10			2 2	5	1 8	3 11	2 10	6 7			
	5	11 8			3 4	7 9	2 2	5	3 4	7 9			
					3	7			3 8	8 6			
									3 10	8 11			
1399	6 2	14 4	3 4	7 9			2 8	6 2					
1400	16	37 2	4	9 4			2 4	5 5					
	7 8	17 10											
1401	16	37 2	5 6	12 9			2 8	6 2					
	8	18 7											
	10	23 3											
1402	4	9 4	4 2	9 8			1 10	4 3					
	6 8	15 6											

	8		18	7																					
1403	2		4	8	4	4	10	1					2		4	8									
	4	2	9	8																					
	4	8	10	10																					
1404	2	8	6	2	3	6	8	2																	
1405	5	4	12	5	3	2	7	4					1	8	3	11	4		9	4					
1406	4	6	10	6	2	9	6	4	2		4	8	1	8	3	11					2	4	5	5	
	6		14										1	10	4	3					2	8	6	2	
	5		11	8																					
1407	3	4	7	9	3		7						2b		4	8					2	8c	6	2	
	4	3¾ a	10										1	5	3	4									a Weizen id.
	4	6	10	6									1	8	3	11									b Hafer id.
1408									4		9	4	3	4	7	9									c Erbsen id.
1409	6	8	15	6					5		11	8	2		4	8									
									5	4	12	5													
1411	4	4	10	1					2	6	5	10									2	8	6	2	
	4		9	4																	2	8c	6	2	
	3	8	8	6																					
1413									2	8	5	2													
1414	6	8	12	11	4	6	8	8	3	4	6	6	2	8	5	2					3	4	6	6	
					4	10	9	4													0	9d	1	5	d Preis eines bushel grüner Erbsen.
					5		9	8																	
					5		9	8																	
					6	8e	12	11																	e « zum Herbst » Preis von Malz in einer Menge von 19 qtrs und 4 bshls. Preis per quarter gemeint.
1415	7	4	14	3					3	4	6	6					4		7	9					
1416	10		19	5																					
	16		31																						
1417	6		11	8																					
	7		13	7																					
1423	8		15	6	5		9	8																	
1424	4		7	9																					
	6	6	12	7																					
	7		13	7																					
1425	6		11	8					3	8	7	1									2	2	4	3	f Preis von Weizen zur Malzbereitung.
	7		13	7																	2	1	4	2	
	4f		7	9																					

Jahr.	Weizen.				Malz.				Gerste.				Hafer.				Roggen.				Erbsen und Bohnen.				Anmerkungen.
	Orig.		Conv.		Orig.		Conv.		Orig.		Conv.		Orig.		Conv.		Orig.		Conv.		Orig.		Conv.		
	sh.	d.	sh.	d.	sh	d.	sh.	d.	sh.	d.	sh.	d.	sh.	d.	sh.	d.	sh.	d.	sh.	d.	sh.	d.	sh.	d.	
1426	4		7	9																					
	4	6	8	8																					
1427	4		7	9																					
1428	4		7	9					2	2	4	3	2	2	4	3									
	5		9	8					2	6	4	10													
1429	8		15	6	5		9	8	2	6	4	10													
	8	8							2	8	5	2													
									3		5	10													
1430	6		11	8					2	8	5	2													
	6	6	12	7					3		5	10													
	8		15	6					4		7	9													
1431	4		7	9																					
	8		15	6																					
1432													2		3	11									
1433									4	2	8	1	2	1 1/2	4	2									
1434	26	8	51	8																					
1435	5	4	10	4																					
1437	4	6	8	8	2	8 3/4	5	4																	
1438	24		46	6	8		15	6	6		11	8	2	8	5	2									
	13	4	25	10																					
	10		19	5																					
	12		23	3																					
	8a		15	6																					a Mischkorn.
	10a		19	5																					
1439	?								5		9	8	2	4	4	6	6		11	8					
	26	8	51	8									2	8	5	2									
	10	8	20	8																					
	8		15	6																					
	8a		15	6																					

1440	4	2	8	1	4	4	8	5	2		3	11	1	4	2	7	2	8	5	2					
	5	4	10	4	13		25	2					1	8	3	2	3	4	6	6					
	5	6	10	8									5	4	10	4									
	24		46	6																					
1441	4	1	7	11	3	3	6	3																	
1444					4		7	9					1	4	2	7					4		7	9	
	4	4	8	5					2	6	4	10									3		5	10	
	4		7	9																					
	1		1	11																					
1445									2		3	11													
1446	6	6	11	8																					
1447	0	11 a	1	9	2	7	5		2	4	4	6	1	6	2	10	3	8	7	1					a ein bushel Mehl.
	4		7	9									2	1 1/2	4	2	4		7	9					
	4	6	8	8																					
	4	8	9	1																					
	5	4	10	4																					b Mischkorn.
	2	6 b	4	10																					
	3	4	6	6																					
	8		15	6																					
1448	4	8	9	1	3		5	10	2	8	5	2	1	8	3	2									
	6	8	12	11									2		3	11									
1449	5		9	8					2	8	5	2	1	3	2	4									
	5	4	10	4									1	8	3	2									
1450	4		7	9									1	10	3	6					2	6	4	10	
1451	8		15	6									1	10 1/4	3	6									
	6		11	8																					
1452	5		9	8	2	8	5	2	1	8	3	2	1	2	2	3									
													1	4	2	7									
1453	5	4	10	4									1	8	3	2									
	5	4	10	4									2		3	11									
1454	1		1	11	1	4	2	7					1	10 1/2	3	7									
	1	2	2	3	1	5	2	8																	
	3	4	6	6																					
1455	4		7	9																					

Jahr.	Weizen. Orig. sh. d.	Weizen. Conv. sh. d.	Malz. Orig. sh. d.	Malz. Conv. sh. d.	Gerste. Orig. sh. d.	Gerste. Conv. sh. d.	Hafer. Orig. sh. d.	Hafer. Conv. sh. d.	Roggen. Orig. sh. d.	Roggen. Conv. sh. d.	Erbsen und Bohnen. Orig. sh. d.	Erbsen und Bohnen. Conv. sh. d.	Anmerkungen.
1456	5	9 8											
1457	7 8	14 10					1 9¼	1 8					
	5	9 8											
1458	4	7 9											
	2a	3 11											a Mischkorn.
	2 4a	4 6											
1459	5	9 8					8 10	17 1					
	2 8a	5 2											
1460	8	15 6					2	3 11					
1461	4	7 9					1 10	3 6					
1462	5	9 8			2 4	4 6							
	4a	7 9											
1463	6 8	12 11	1 8c	3 2	1 10b	3 6	4	7 9			3 4b	6 6	
	3 4	6 6			1c	1 11	1 2b	2 3					b in London.
	2b	3 11					1c	1 11					c in Norfolk.
	1 8c	3 2											
	4 8	9 1											
	2 2a	4 3											
	2 8	5 2											
1464	6 8	10 4					1 6	2 4					
							2d	3 1					d Preis einer Gallone.
1466	5 8	8 9	5	7 9			2 8	4 1					
	6f	9 4					2	3 1					f Weizen v. Pfarrer.
	6 4g	9 9											g Weizenmehl.
	5h	7 9											h Mischkorn.
	5h	7 9											i Höchster Preis.
1468	6 8i	10 4					5	7 9					j Niedrigster Preis.
	5j	7 9											
1469	6	9 4			2 4k	3 7							k Annähernder Preis.
1475							1 10	2 9					

1480	8		12	5	4	8	7	2					2		3	1									
1481	8		12	5	4		6	3																	
	5	8	8	9																					
1483	5	4	8	3																					
	5	6	8	6																					
	5		7	9																					
1484	4	4	6	9																					
	6	4	9	9																					
	2	8 a	4	1																					a Mischkorn.
	3	4 a	5	1																					
	4 a		6	3																					
1485	3	4	5	1					2		3	1													
	4	4	6	9																					
1486	4	8	7	2																					
	24		37	3																					
1487	4	8	7	2																					
1488	4	4	6	9					1	9	2	8													
	3		4	8																					
	3	5	5	4																					
1489	3	8	5	7									2		3	1									
	2	8 a	4	1																					
	3 a		4	8																					
1491	14	8	22	8	4	6	7						2	8	4	1									
	6	8	10	4																					
1492	4	8	7	2									1	2	1	10					3	4	5	1	
	3	4	5	1									2		3	1									
	3	8	5	7																					
	5		7	9																					
	2	8 a	4	1																					
	3 a		4	8																					
1494	4 b		6	3																					b Preis in London.
	4		6	3																					
1495	3	4	5	1																					
1496	4	4	6	9																					
1497	20		31										2		3	1									
1498	4		6	3																					

Jahr.	Weizen.				Malz.				Gerste.				Hafer.				Roggen.				Erbsen und Bohnen.				Anmerkungen.
	Orig.		Conv.		Orig.		Conv.		Orig.		Conv.		Orig.		Conv.		Orig.		Conv.		Orig.		Conv.		
	sh.	d.	sh.	d.	sh.	d.	sh.	d.	sh.	d.	sh.	d.	sh.	d.	sh.	d.	sh.	d.	sh.	d.	sh.	d.	sh.	d.	
1499	6		9	4																					
	4		6	3																					
1500	3	4	5	1	3	4	5	1	3	4	5	1									2	8 a	4	1	a Grüne Erbsen am
1501	6	8	10	4	3	4	5	1	3	4	5	1									2 b		3	1	15. Juli.
	7	4	11	4	4		6	3																	b Idem am 30. Juli.
1503	5	8	8	9																					
	6		9	4																					
1504	5	8	8	9	4		6	3	3	4	5	1													
	5	8	8	9																					
1505	6	8	10	4									3		4	8									
1506													2		3	1					3	8	5	7	
1507													2		3	1					3	6	5	5	
1508	1	10 c	2	9	4		6	3					1	10	2	9									c Preis von 5 peck
1509	3	8	5	7	2	8	4	1																	Weizenmehl.
1510	6	8	10	4	4		6	3					2		3	1					3	4	5	1	
													2		3	1									
													2		3	1									
1512	18	8	28	11									2		3	1					4		6	3	
1513	7	4	11	4									2	4	3	7									
1514	6	8	10	4	5		7	9					1	4	2	1					2	8	4	1	
	10	8	16	7	6	8	10	4					1	8	2	7					2		3	1	
1515	6		9	4													3		4	8	4	2	6	5	
1516	6		9	4	4		6	3																	
	10	8	16	7																					
1518	13		20	2																					
1519	10	3	15	11																					
1520	8		12	5																					
1521	20		31						2		3	1													
	26	8	40	4																					
1522	9	8	14	11																					

1523	8		12	5																					
1524	13	4	20	8																					
1525	14	4	22	2	10 a		15	6	4		6	3													a Gerstenmalz.
	6		9	4																					
1526													3		4	8					4	2	6	5	
1527	15 b		23	3	13	4	20	8													16		24	10	b Preis in London.
	20		31		38	8	59	11																	
	8	8	13	5																					
	15	6 c	24																						c Annähernder Preis von Weizenmehl.
1528	26	8	36	9	16	8	22	11					2	5	3	4									
	9	6	13	1	6	8	9	2																	
	8 d		10																						d Mischkorn.
1529	18		24	9	14 a		19	4																	
1530	4	4	5	11	3	4	4	7	2		2	9	4		5	6					5	4	7	4	
	5	4	7	4					2	8	3	8													
	6	5	8	10																					
1532													2	8½	3	9					5	4	7	4	
1534	8		11		4		5	6	5		6	11	1	10½			5		6	11					
	6	8	9	2	6	8	9	2					3	4	4	7									
	8		11																						
1535					4	8	6	5					2	8	3	8	5		6	11					
1537	13	4	18	4									3	4	4	7					6		8	3	
1538	17	4	23	11																					
1539	13	4	18	4																					
1540	13	4	18	4																					
1541	18	8	25	9																					
1542	14	8	20	3																					
1543	20		23	3									3	4	3	11					6	8	7	9	
1544	25	4	29	5																					
1545	18	8	21	8																					
1548	6	8	7	9					5		5	10					5		5	10					
1550	13	4 e	15	6	10 g		11	8	9 g		10	6					7 g		8	2	5 g		5	10	e Bester Weizen.
	11 f		12	10	8 h		9	4	7 h		8	2					6 h		7		3 h		3	6	f Rother Weizen.
	8		9	4					5		5	10					6		7						g Beste Qualität.
	8		9	4					7		8	2					7		8	2					h Zweite Sorte.
	13		15	2																					

Jahr.	Weizen.		Malz.		Gerste.		Hafer.		Roggen.		Erbsen und Bohnen.		Anmerkungen.
	Orig.	Conv.	Orig.	Conv.	Orig.	Conv.	Orig.	Conv.	Orig.	Conv.	Orig.	Conv.	
	sh. d.	sh. d.	sh. d.	sh. d.	sh. d.	sh. d.	sh. d.	sh. d.	sh. d.	sh. d.	sh. d.	sh. d.	
	18 10 a	21 10											a Preis in Norwich.
	26 8 b	31											b Preis in Harleston, Norfolk.
1551	8	9 4	5 1	5 11	8	9 4	8	9 4					
	14	16 4	9	10 6			6	7					
1552	21	24 5			5	5 10							
	14	16 4											
1553	8	8 2	5	5 1									
	14 8	15											
	12	12 3											
1554	8	8 2	5	5 1					6 8	6 10			
	13 6	13 10											
	16	16 4											
1555	8	8 2	5	5 1					16	16 4			
	16	16 4											
	25	25 7											
1556	8	8 2	5	5 1	32	32 9	16	16 4	40 d	41			
	46 8	47 9	44 d	45 1					3 4 e	3 5	6 8	6 10	
	13	13 4	6 8 e	6 10					2 8 f	2 9	40 d	41	
	34	30 9	4 8 f	4 9							46 8 d	47 9	
	53 4 d	54 7											d Preis vor der Ernte.
	5 e	5 1											
	4 f	4 1											e Londoner Preis nach der Ernte.
1557	12	12 3	5	5 1			10	10 3	8	8 2			
	16	16 4											f Landpreis nach der Ernte.
	8	8 2											
1558	8	8 2			5	5 1			8	8 2			
	9	9 2											
	14	14 4											
	8	8 2											

1559	10	6 a	10	9													8		8	2					a Preis am 31. mai
	12	6 a	12	9																					
	13	6 b	13	10																					b Preis nach dem 17. November.
	15	6 b	15	10																					
	8		8	2																					
1560	16 c		16	7									5		5	2	8		8	3					c Junipreis.
	17 d		17	7																					d Julipreis.
	18 e		18	7																					e Septemberpreis.
	20 f		20	8																					f Octoberpreis.
	24 f		24	10																					
	26 g		26	11																					g Decemberpreis.
	8		8	3																					
1561	8		8	3									5	4 k	5	6	8		8	3					
	20		20	8																					
	19	6 f	20	3																					
	19 f		19	8																					
	16 h		16	7																					h Januarpreis.
	6 i		6	3																					i Preis von Weizen-
1562	17 l		17	7					5		5	2					8		8	3	8		8	3	mehl.
	19 e		19	8					6	8	6	11									8		8	3	k Preis von Hafer-
	20 f		20	8																					mehl.
	21 f		21	8																					l Aprilpreis.
	22 g		22	9																					
	24 h		24	10																					
	8		8	3																					
	10		10	4																					
1563	18 f		18	7									5		5	2	13	4	13	8					
	17 m		17	7																					m Märzpreis.
1564	16 c		16	7																					
1565	15 n		15	6																					n Preis eines bushel
	14 l		14	6																					Mehl.
	15 d		15	6																					
	20 f		20	8																					
	28 h		28	11																					
1566	20		20	8																					
	16 e		16	7																					

Jahr.	Weizen.		Malz.		Gerste.		Hafer.		Roggen.		Erbsen und Bohnen.		Anmerkungen.
	Orig.	Conv.	Orig.	Conv.	Orig.	Conv.	Orig.	Conv.	Orig.	Conv.	Orig.	Conv.	
	sh. d.	sh. d.	sh. d.	sh. d.	sh. d.	sh. d.	sh. d.	sh. d.	sh. d.	sh. d.	sh. d.	sh. d.	
	15 a	15 6											a Märzpreis.
1567	15 b	15 6											b Junipreis.
	15 a	15 6											
1568	13 4	13 9			10 4	10 8			10	10 4			
1569	16 c	16 7											c Julipreis.
1570	2 8 d	2 9											d Preis eines bushel Mehl.
1572	19 e	19 8											
	20 f	20 8											e Augustpreis.
	21 f	21 8											f Octoberpreis.
	22 g	22 9											g Januarpreis.
1573	23 h	23 9					37 4 p	38 8			32	34 1	h Aprilpreis.
	28 f	28 11											
	24 i	24 10											i Preis in Lammas.
	56 k	57 11											k Preis vor Weihnachten.
1574	24 e	20 8											
1575	20 c	20 8											
1576	21	21 8											
	20 6 f	20 8											
	5 l	5 2											l Decemberpreis.
1578	18 f	18 7											
1579	16	16 7			13 4	13 9			10	10 4			
	17 m	17 7											m Maipreis.
	15 e	15 6											
	17 n	17 7											n Novemberpreis.
1580	28 o	28 11											o Septemberpreis.
1581	20	20 8											p Preis von Hafermehl.
	20 f	20 8											
1583	19 b	19 8											
1584	20	20 8	10	10 4									

1585	24 a	24 10										
1586	53	54 9							36	37 3		
	24	24 10										
	36 b	37 3										
	42 c	43 5										
1587	24 d	24 10	2 10 i	2 11							21 4 r	22 1
	20 c	20 8									5 4 s	5 6
	64 e	66 2										
	80	82 8										
	104	107 6										
1589	17	17 7			13 4	13 9			10	10 4		
	19 f	19 8			8	8 3			16 o	16 7		
	16	16 7										
	22	22 9										
1590	21	21 8			13 4	13 9	5 4 k	5 6	17 6	18 3		
							1 l	1				
1591	18	18 7										
1592	18 g	18 7										
1593	12	12 5							8	8 3		
1594	48	49 8							40	41 4		
	56	57 11										
1595	44	45 6			20	20 8	40 m	41 4	26 8	27 7		
	42 f	43 5			20	20 8			30 n	31		
	40	41 4							32 p	34 1		
	53 4	55 2										
1596	42	43 5					64 m	66 2	24 d	24 10		
	64	66 2					1 6 l	1 6	48	49 8		
	40	41 4					6 4 n	6 7	6 q	6 3		
	56 d	57 11			0 4 y	0 4	7 n	7 3	39 4 z	40 8		
	36 t	37 3					5 8 n	5 11				
	100 u	103 4					19 8 n	20 4				
	80	82 8					1 9 l	1 10				
	8 v	8 3					7 4 n	7 8				
	68 x	70 3										
	65 4											

a Februarpreis.
b Novemberpreis.
c Märzpreis.
d Augustpreis.
e Londoner Preis
f Decemberpreis.
g Junipreis.
i Preis von zwei bushls.
k Annähernder Preis.
l Preis eines peck Hafermehl.
m Hafermehl.
n Preis eines bushel Hafermehl.
o Roggen zur Aussaat.
p Von Dänemark gegen Ende des Jahres importirter u. an die Armen verkaufter Roggen; Preis zu Norwich.
q Preis eines bushel Roggenmehl.
r Londoner Preis zu Johanni.
s Londoner Preis nach Johanni.
t Preis bis zu welchem der Weizen fiel.
u Preis biz zu welchem der Weizen wieder stieg.

v Preis eines bushel Weizenmehl. x Preis auf Brainford-market 2 bshls das quart. y Preis eines Pfds französ. Gerste.
z Februarpreis in Baynford.

Jahr.	Weizen. Orig. sh. d.	Weizen. Conv. sh. d.	Malz. Orig. sh. d.	Malz. Conv. sh. d.	Gerste. Orig. sh. d.	Gerste. Conv. sh. d.	Hafer. Orig. sh. d.	Hafer. Conv. sh. d.	Roggen. Orig. sh. d.	Roggen. Conv. sh. d.	Erbsen und Bohnen. Orig. sh. d.	Erbsen und Bohnen. Conv. sh. d.
	4 a	4 2										
	11 10 b	12 3										
	11 8 b	12 1										
	6 c	6 3										
1597	30 d	31			10	10	8 o	8 3	42 6	43 11	4 q	4 2
	29 e	30			42	43 5	8 o	8 3	40	41 4	2 q	2 1
	8 f	8 3			36	37 3	5 8 o	5 11	72	74 5	1 4 q	1 4
	6 6 f	6 9					6 p	6 3	48	49 7	1 q	1
	6 f	6 3					40 g	41 4			4 r	4
	8 f	8 3										
	56	57 11										
	32 g	34 1										
	56	57 11										
	104 h	107 6										
	80 i	82 8										
	106 8	109 7										
1598	18	18 7										
	16 j	16 7										
	40 k	41 4										
1599	27 l	27 11										
	23 m	23 9										
1619	40 n	40										

Anmerkungen.

a Preis von $1/2$ bshl.
b Preis von 2 bshls Mischkorn-Mehl.
c Preis eines bshls Mischkornmehl.
d Preis von 4 bshls Weizenmehl.
e Preis von 3 bshls Weizenmehl; 1 bshl. = 56 lb.
f Preis eines bushel Weizenmehl.
g Octoberpreis.
h Preis von welchem herab der Weizen fiel.
i Preis bis zu welchem der Weizen fiel.
j Februarpreis.
k Preis in Suffolk.
l Augustpreis.

m Novemberpreis. n Preis von 8 bshls Weizen zum Mahlen. o Preis eines bushel Hafermehl. p Preis von 1 bushel Hafermehl im August. q Preis von 1 peck grüne Erbsen. r Preis von 1 peck grüne Erbsen für die Dienstboten.

III.

Tabelle der Marktpreise von Weizen und Malz zu Windsor,

von 1595-1700, nach den Rechnungsbüchern von Eton-College.

(Aus Charles Smith, Tracts on the Corn-Trade and Corn-Laws. 3. ed. London 1804. Dabei ist zu bemerken, dass in den Rechnungsbüchern von Eton-College in jedem Jahre zwei Preishöhen verzeichnet sind, die an Lichtmess und die am Michaelistage. Smith hat die beiden für jedes Jahr addirt und die Hälfte als Durchschnittspreis des Jahres angegeben. Ferner hat er von den Malzpreisen den Betrag der Malzsteuer in Abzug gebracht.)

Jahr.	1 Quarter Weizen.			1 Quarter Malz.			1 Quarter Weizen. (Winchester Mass.)		
	L.	s.	d.	L.	s.	d.	L.	s.	d.
1595	2	0	0	1	0	0	1	11	6 3/9
1596	2	8	0	1	6	8	1	17	11 1/9
1597	3	9	6	2	6	4	2	14	11
1598	2	16	8	1	12	6	2	4	9 8/9
1599	1	19	2	1	3	4	1	10	11 4/9
1600	1	17	8	1	0	0	1	9	9 2/9
1601	1	14	10	1	4	6	1	7	7 8/9
1602	1	9	4	0	17	4	1	3	2 2/9
1603	1	15	4	0	14	8	1	7	11 1/9
1604	1	10	8	0	14	6	1	4	2 7/9
1605	1	15	10	1	2	0	1	8	3 7/9
1606	1	13	0	0	19	4	1	6	0 8/9
1607	1	16	8	0	18	4	1	8	11 6/9
1608	2	16	8	1	4	0	2	4	9 3/9
1609	2	10	0	1	9	0	1	19	6 1/9
1610	1	15	10	0	19	4	1	8	3 7/9
1611	1	18	8	0	19	8	1	10	6 6/9
1612	2	2	4	1	5	4	1	13	5 4/9
1613	2	8	8	1	6	4	1	18	5 4/9

Jahr.	1 Quarter Weizen.	1 Quarter Malz.	1 Quarter Weizen. (Winchester Mass.)
	L. s. d.	L. s. d.	L. s. d.
1614	2 1 8 1/2	1 7 0	1 12 11 1/9
1615	1 18 8	1 5 4	1 10 6 6/9
1616	2 0 4	1 4 8	1 11 10 4/9
1617	2 8 8	1 0 4	1 18 5 4/9
1618	2 6 8	1 0 0	1 16 10 5/9
1619	1 15 4	0 19 8	1 7 11 1/9
1620	1 10 4	0 18 8	1 3 11 6/9
1621	1 10 4	0 16 0	1 3 11 6/9
1622	2 18 8	1 6 0	2 6 4 3/9
1623	2 12 0	1 11 2	2 3 3 7/9
1624	2 8 0	1 3 4	1 17 11 1/9
1625	2 12 0	1 1 6	2 3 3 7/9
1626	2 9 4	1 7 8	1 18 11 7/9
1627	1 16 0	1 0 0	1 8 5 3/9
1628	1 8 0	0 18 0	1 2 1 5/9
1629	2 2 0	1 4 0	1 13 2 2/9
1630	2 15 8	1 14 0	2 3 11 7/9
1631	3 8 0	1 18 8	2 13 8 7/9
1632	2 13 4	1 11 0	2 2 1 7/9
1633	2 18 0	1 8 0	2 5 10
1634	2 16 0	1 12 4	2 4 3
1635	2 16 0	1 7 8	2 4 3
1636	2 16 8	1 8 8	2 4 9 3/9
1637	2 13 0	1 19 4	2 1 10 5/9
1638	2 17 4	2 2 4	2 5 3 6/9
1639	2 4 10	1 11 8 1/2	1 15 5 1/9
1640	2 4 8	1 7 8	1 15 3 5/9
1641	2 8 0	1 9 0	1 17 11 1/9
1642 1643 1644 1645	Diese Jahre fehlen in den Rechnungsbüchern. Das Jahr 1646 ist durch Bischof Fleetwood ergänzt.		
1646	2 8 0	1 9 0	1 17 11 1/9
1647	3 13 8	1 17 0	2 8 2 5/9
1648	4 5 0	2 0 0	3 7 2
1649	4 0 0	2 2 0	3 3 2 5/9
1650	3 16 8	1 18 6	3 0 7
1651	3 13 4	1 9 0	2 17 11 8/9
1652	2 9 6	1 8 0	1 19 1 3/9
1653	1 15 6	1 8 0	1 8 0 6/9
1654	1 6 0	1 0 8	1 0 6 5/9
1655	1 13 4	1 0 0	1 6 4 1/9
1656	2 3 0	1 4 0	1 13 11 7/9
1657	2 6 8	1 8 4	1 16 10 5/9
1658	3 5 0	1 9 4	2 11 4 3/9
1659	3 6 0	2 8 8	2 12 1 7/9
1660	2 16 6	1 12 8	2 4 7 7/9
1661	3 10 0	1 13 4	2 15 4 8/9
1662	3 14 0	2 2 0	2 18 5 6/9
1663	2 17 0	1 12 8	2 5 0 4/9

Jahr.	1 Quarter Weizen.	1 Quarter Malz.	1 Quarter Weizen. (Winchester Mass.)
	L. s. d.	L. s. d.	L. s. d.
1664	2 0 6	1 10 0	1 12 0
1665	2 9 4	1 8 4	1 18 11 7/9
1666	1 16 0	1 6 0	1 8 5 8/9
1667	1 16 0	1 2 8	1 8 5 3/9
1668	2 0 0	1 4 0	1 11 6 3/9
1669	2 4 4	1 7 4	1 15 0 4/9
1670	2 1 8	1 6 6	1 12 11 1/9
1671	2 2 0	1 5 4	1 13 2 2/9
1672	2 1 0	1 2 0	1 12 4 7/9
1673	2 6 8	1 4 0	1 16 10 5/9
1674	3 8 8	1 14 0	2 14 3 1/9
1675	3 4 8	1 14 0	2 11 1 1/9
1676	1 18 0	1 6 0	1 10 0 3/9
1677	2 2 0	1 8 0	1 13 2 2/9
1678	2 19 0	1 8 8	2 6 7 4/9
1679	3 0 0	1 6 8	2 7 4 3/9
1680	2 5 0	1 2 8	1 15 6 6/9
1681	2 6 8	1 4 8	1 16 10 5/9
1682	2 4 0	1 8 0	1 14 9 2/9
1683	2 0 0	1 8 8	1 11 6 3/9
1684	2 4 0	1 5 4	1 14 9 2/9
1685	2 6 8	1 8 0	1 16 10 5/9
1686	1 14 0	1 5 4	1 6 10 4/9
1687	1 5 2	1 4 0	0 19 10 6/9
1688	2 6 0	1 2 0	1 16 4 2/9
1689	1 10 0	1 0 0	1 3 8 4/9
1690	1 14 8	0 19 4	1 7 4 7/9
1691	1 14 0	0 17 4	1 6 10 4/9
1692	2 6 8	1 4 4	1 16 10 5/9
1693	3 7 8	1 10 0	2 13 5 6/9
1694	3 4 0	1 12 0	2 10 6 8/9
1695	2 13 0	1 12 0	1 1 10 5/9
1696	3 11 0	1 8 0	2 16 0 2/9
1697	3 0 0	1 8 0	2 7 4 8/9
1698	3 8 4	1 12 0	2 14 0
1699	3 4 0	1 19 4	2 10 6 8/9
1700	2 0 0	1 11 4	1 11 6 3/9

FSC
www.fsc.org
MIX
Papier | Fördert gute Waldnutzung
FSC® C083411

Kolibri 360 GmbH
Ferdinand-Jühlke-Straße 7
99095 Erfurt, Deutschland
produktsicherheit@kolibri360.de